한국사
재판 실록

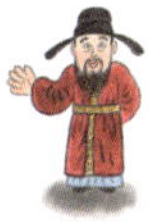

 교과서에 꼭! 나오는 법 이야기

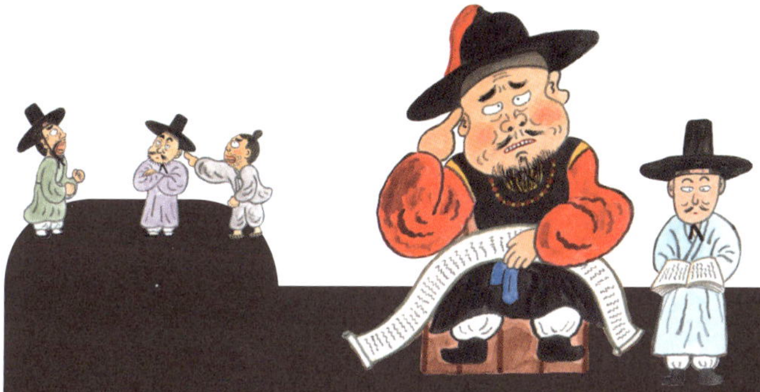

한국사

재판 실록

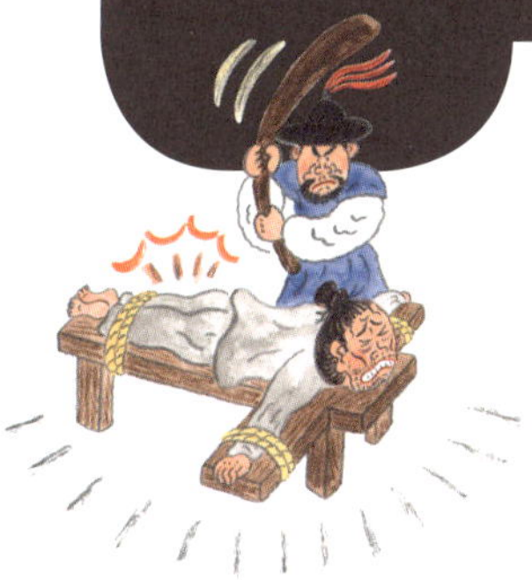

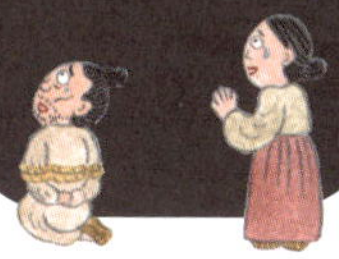

서선연 글 | 이은주 그림

작가의 말

역사와 문화에 관심이 많아 역사책도 많이 읽고, 역사를 소재로 한 드라마도 많이 봐요. 어린이를 대상으로 한 역사책은 이미 충분하다고 생각했어요. 그러던 어느 날, 전화 한 통을 받았어요.

"법률과 재판으로 한국사를 짚어보는 건 어때요?"

법률로 역사를 살펴본다고? '법'이라는 말을 듣자마자 머리가 지끈거리는데?

그러다 문득 궁금증이 생겼어요. 고조선엔 어떤 법이 있었지? 신라 시대에는? 조선 시대에는 법에 따라 재판을 잘했을까? 일제 강점기에는 일본이 자신에게 유리한 법을 만들어 우리 민족을 괴롭혔겠지? 그런데 민주주의가 발전한 현대는 나아지지 않았을까? 오늘날은?

이런 궁금증은 새로운 궁금증을 낳았고, 나는 어느새 자료를 찾아 읽고 있었어요. 여태껏 보던 역사책에서 다른 게 하나둘 보이기 시작했지요.

법률에는 당시 사람들이 살았던 삶의 모습과 생각과 이야기가 고스란히 녹아 있고, 시대가 변함에 따라 법률도 변하고 발전했어요. 개인의 재산이 생기게 된 고조선에는 도둑에 관한 법률이, 자식이 부모에게 불효하는 것을 큰 죄로 생각한 고려 시대에는 불효에 관한 법률이 있었어요. 농사를 천하의 큰 근본이라 여긴 조선 시대에는 땅에 대한 세금법이 있었고, 땅을 차지하기 위해 다툼이 생

겨 재판도 많이 열렸지요.

  이 책에는 시대를 가장 잘 대변해 주는 상황과 법률을 가려 이야기를 꾸며 썼어요. 날카로운 추리와 번뜩이는 기지로 열심히 농사지은 곡식을 훔쳐 간 범인을 잡아낸 부여의 이야기를 쓸 때는 마치 탐정이 된 기분이 들었고, 남녀 차별 없이 재산을 물려주라는 판결을 내린 신라의 이야기는 통쾌했어요. 토지를 수탈하려는 목적으로 일제가 만든 '토지 조사령' 때문에 땅을 빼앗긴 농민의 이야기를 쓸 때는 안타깝고 화가 났어요. 또 법의 맹점을 이용하여 언론·출판의 자유를 빼앗은 제1공화국의 이야기를 쓸 때는 분노가 치밀었고요.

  글을 쓰면서 사회적 약자를 위한 법은 참으로 드물고, 법이 악용되는 경우도 많다는 사실을 알았어요. 훗날 사람들이 오늘날 우리가 살고 있는 시대의 법과 재판들을 어떻게 평가할지 걱정이 되었어요. 후세에게 부끄럽지 않게 법이 공정하고 형평성 있게 만들어지고 적용되기를 간절히 바랐지요. 우리가 법에 관심을 가지고 사람들의 목소리에 귀 기울인다면, 법이 제 역할을 할 수 있을 거라고 믿어요.

  끝으로 이 책을 통해 한국사에 관심이 더 생기길 바라고, 다양한 방식으로 한국사 살펴보기를 추천합니다. 분명 새로운 것이 보일 거예요. 저처럼요!

차례

고조선의 범금팔조 ··· 8
- 상처 대신 갚은 곡식

부여의 1책12법 ··· 20
- 열두 배로 갚아라!

고구려의 율령 ··· 32
- 하루아침에 노비가 되다

신라의 율령 ··· 44
- 차별 없이 똑같이 나누어라!

백제의 율령 ··· 56
- 수상한 관리

고려의 삼복제 ··· 68
- 아버지를 고발한 아들
- 기울어진 저울

조선의 경국대전 ··· 90
- 조선 선비, 과거 시험 부정 사건
- 진짜 땅 주인은 누구일까?

일제 강점기의 법 ··· 112
- 조선 총독부의 이상한 토지 조사 사업

현대의 제헌 헌법과 노동법 ··· 124
- 자유가 있으나 자유가 없다!
- 나말 씨의 하얀 노동조합

사건 명

상처 대신 갚은 곡식

고조선의 범금팔조

상처 대신 값은 곡식

타닥타닥, 쉬이익, 타닥타닥, 쉬이익.

젊은 대장장이가 구리와 주석을 녹이기 위해 단단한 흙으로 우묵하게 만든 도가니에 불을 때고 있었어요.

"장작을 더 넣고 불을 때라!"

우두머리 대장장이가 젊은 대장장이에게 말했어요.

마을 대장간의 우두머리 대장장이는 솜씨 좋기로 유명해요. 부족장의 청동거울과 청동방울은 물론이고 청동으로 된 칼과 창, 화살촉 같은 무기와 단추, 가락지 같은 장식품을 도맡아 만들고 있지요. 얼마 전부터 젊은 대장장이가 우두머리 대장장이에게 일을 배우고 있어요.

"무얼 하고 있나?"

한 사내가 대장간으로 성큼성큼 들어왔어요.

"어서 이쪽으로 오게. 도가니 옆에 있으면 위험해. 펄펄 끓는 청동 물이

튀면 발가락이 단박에 없어지고 말 거야."

우두머리 대장장이가 사내에게 손짓했어요.

"부탁이 있어 왔네."

사내가 우두머리 대장장이에게 작은 보자기를 내밀며 귓속말로 소곤거렸어요.

"여기 돈을 좀 가져왔네. 이 돈으로 청동낫을 만들어 주게. 아무래도 돌로 만든 낫보다는 청동으로 만든 낫이 더 단단할 테니."

"청동으로 낫은 만들어 줄 수 없네."

우두머리 대장장이가 돈이 든 보자기를 돌려주자 사내가 얼굴을 찌푸렸어요.

"왜? 돈이 부족한가? 원하는 만큼 줄 테니 만들어 주게."

"청동은 귀하기도 하거니와 청동으로 낫을 만들어 쓰면 녹이 슬고 쉽게 물러 부러지네."

우두머리 대장장이가 손을 내저었어요.

"구리와 주석이 다 녹았습니다."

그때, 젊은 대장장이가 긴장한 얼굴로 말했어요.

"지금부터 위험한 일을 해야 하니 어서 돌아가게. 여기 있으면 다칠지도 모르네."

우두머리 대장장이와 젊은 대장장이는 녹인 청동 물을 손잡이가 달린 단단한 그릇에 담아 거푸집에 붓기 시작했어요. 벌겋게 달아오른 청동 물이 거푸집 안으로 흘러 들어갔어요.

"거푸집이 다 식으면 청동창날을 꺼내 갈아서 다듬으면 된다. 그다음에는 나무로 만든 기다란 자루에 끼우면 청동창이 완성된다."

우두머리 대장장이가 젊은 대장장이에게 설명했어요. 그러다가 도가니를 보고 소리를 질렀어요.

"도가니 불을 저대로 두면 어떻게 하느냐? 어서 불을 꺼라! 다 간 청동창날은 왜 여기에 두었느냐? 혹여나 다칠 수 있으니 구석에 가서 청동창날에 나무 자루를 끼워라."

거푸집에서 청동창날이 식기를 기다리는 동안 젊은 대장장이가 청동창날을 옮기기 시작했어요. 사내가 우두머리 대장장이의 눈치를 살피더니 젊은 대장장이한테 다가갔어요.

"이게 자네들이 만든 청동창이란 말이지? 참으로 잘 만들었네."

"저리 비키십시오. 우두머리 대장장이한테 혼납니다."

"한 번만 만져 보겠다는데……. 닳기라도 한단 말이냐?"

사내가 청동창날을 만지작거리자, 젊은 대장장이와 실랑이가 벌어졌어요.

"위험하니까 만지지 말고 어서 돌아가게!"

남은 청동 물로 청동가락지를 만들고 있던 우두머리 대장장이가 고함을 쳤어요. 그러자 사내는 터덜터덜 나갔어요.

바로 그때, 우당탕 쿵쾅, 치르르르 소리가 났어요.

젊은 대장장이가 옮기던 청동창날이 사내 쪽으로 와르르 쏟아졌어요. 그

 소리에 놀란 우두머리 대장장이는 청동 물이 담긴 그릇을 떨어뜨리고 말았어요. 뜨거운 청동 물이 사방에 튀었어요.
 "으악!"
 사내는 그 자리에서 폭 고꾸라졌어요. 사내의 발이 온통 핏빛으로 물들고 있었어요. 그 옆에는 청동창날과 뜨거운 청동 물이 담긴 그릇이 어지러이 널려 있었고요.

대장장이들과 사내는 서로 자신의 잘못이 아니라고 실랑이를 벌였어요. 대장장이들은 위험한 곳에 있던 사내의 잘못이라 하고, 사내는 밖으로 나가려는데 갑자기 발을 다쳤다고 했어요.

며칠 뒤, 우두머리 대장장이와 젊은 대장장이, 그리고 사내가 부족장 앞에 섰어요. 사내의 발을 다치게 한 사람을 가려내기 위해서였지요.

"누가 네 발을 다치게 하였는지 아느냐?"

부족장이 물었어요.

"그러니까 그게……, 워낙 순식간에 일어난 일이라……. 무언가 제 발등을 찢는 듯한 뜨거운 느낌만 기억나고 나머지는 기억나지 않습니다."

사내의 오른발에 하얀 천이 친친 감겨 있었어요. 발은 두 배로 부어 있었고, 다른 사람의 부축을 받아야만 걸을 수 있었어요.

"너는 사내가 다치기 바로 전에 무엇을 하였느냐?"

부족장이 우두머리 대장장이에게 물었어요.

"청동 녹인 물로 가락지를 만들고 있었습니다. 비명에 놀라 청동 물 담은 그릇을 떨어뜨렸습니다."

"젊은 대장장이는 무엇을 하고 있었느냐?"

"저는 대장간 한편에 둔 청동창날을 옮기고 있었습니다. 손이 미끄러워 창을 놓쳤는데, 갑자기 '으악!' 하는 소리가 들렸습니다."

젊은 대장장이가 다친 사내의 발을 내려다보았어요.

"그렇다면 사내의 상처가 불에 덴 것인지, 창에 찔린 것인지 알아야겠구

나. 상처를 치료한 사람을 데려오너라."

머리가 허옇고 등이 굽은 노파가 앞으로 나왔어요. 노파는 오랫동안 아픈 사람을 치료해 주고 약초를 구해 달여 주는 일을 했어요.

"사내의 상처는 날카로운 창날에 찔린 것입니다. 불에 덴 흔적은 하나도 없었습니다."

"아!"

노파의 말에 젊은 대장장이가 짧게 한숨을 내쉬었어요.

"일부러 그런 것이 아닙니다. 손이 미끄러져 창을 놓쳤습니다."

젊은 대장장이가 말하자, 우두머리 대장장이도 안타까운 표정을 지으며 거들었어요.

"아직 일이 익숙지 않아서 그런 듯합니다. 제가 잘 가르치겠습니다."

그러자 부족장이 단호한 표정으로 말했어요.

"젊은 대장장이는 다른 사람을 다치게 하였다. 사람을 다치게 한 자는 벌을 받아야 한다. 그래야 우리 고조선의 법이 엄중한지를 알아 법을 지키려고 할 것이다."

고조선에는 이런 법이 있었어요

고조선의 범금팔조

중국의 역사서인 《한서》 '지리지'에 고조선에는 어겨서는 안 되는 여덟 가지 조항이 있었다고 기록되어 있어요. 이를 '범금팔조'라 해요. 이 가운데 세 가지가 전해지고 있어요.

먼저 사람을 죽인 사람은 사형에 처한다는 조항이에요. 고조선에서는 생명을 소중히 여겼다는 사실을 알 수 있어요.

두 번째, 다른 사람을 다치게 한 사람은 곡식으로 물어 주어야 한다는 조항이에요. 고조선에서는 농사를 지었다는 것을 알 수 있어요.

마지막으로 도둑질한 사람은 노비로 삼고 죄를 벗으려면 많은 돈을 내야 한다는 조항이에요. 노비가 있었다면 노비를 부리는 사람이 있었을 테니 신분 제도가 있었다는 것을 알 수 있어요. 또 개인의 재산이 따로 있었으며 돈을 만들어 썼다는 것을 알 수 있지요.

함께 읽는 판결문!

사건

사내는 대장간에서 발을 크게 다쳤다. 대장장이들과 사내는 서로 자기의 잘못이 아니라고 실랑이를 벌였다. 이에 사내는 자기 발을 다치게 한 사람을 가려 달라고 부족장에게 청하였다.

판결문

우두머리 대장장이와 젊은 대장장이의 말, 사내의 다친 발을 치료한 노파의 말을 종합하면, 젊은 대장장이가 사내의 발을 다치게 하였다는 사실이 인정된다.

청동으로 무기와 장신구를 만드는 일은 매우 중요하며 위험한 일이다. 따라서 항상 조심해야 한다. 젊은 대장장이가 비록 사내의 발을 다치게 할 의도가 없었고 실수였다고는 하나, 다른 사람을 다치게 한 사실은 변하지 않는다. 의도하지 않았다고 법으로 엄히 다스리지 않는다면, 사람들은 잘못을 하고도 '실수'라고 변명할 것이다. 그러면 우리 고조선의 질서는 유지되지 않는다.

고조선의 '범금팔조'에는 다른 사람을 다치게 한 사람은 곡식으로 갚아야 한다는 조항이 있다. 따라서 젊은 대장장이는 다친 사내에게 곡식으로 물어 주어라!

아하! 그래서 이런 법이 생겼구나!

고조선은 어떤 나라였을까?

1. 고조선과 단군 왕검

    고조선은 기원전 2333년 무렵에 단군왕검이 세운 우리나라 최초의 국가예요. 청동기 문화가 발달하여 청동창, 비파형동검과 같은 무기와 청동가락지와 청동단추 같은 장식품을 만들어 썼어요. 사람이 죽으면 큰 돌을 세우고 그 위에 넓적한 돌을 덮는 고인돌 무덤을 만들었지요.

    고조선에서는 벼와 조, 콩, 수수 등을 재배하고 개, 돼지, 소 등을 길렀어요. 또 삼베와 모직으로 옷을 만들어 입고, 흙을 빚어 가마에 구워 낸 민무늬토기를 만들어 썼어요.

    부족의 우두머리는 부족을 다스릴 뿐만 아니라 하늘에 제사 지내는 제사장이기도 했어요. 부족장은 청동거울을 들고 청동방울을 울리며 하늘에 제사를 지냈어요. 청동거울의 뒷면에 있는 작은 손잡이에 줄을 매달아 목에 걸면, 햇빛이 반사되어 반짝반짝 빛나서 신령스러운 느낌을 주었을 거라고 해요.

단군은 하늘에 제사 지내는 제사장을, 왕검은 나라를 다스리는 통치자를 뜻해. 고조선에서 단군왕검은 제사와 정치를 동시에 맡아 했어.

2. 청동기에서 철기까지

고조선은 청동기 시대에 세워진 나라예요. 구리와 주석, 아연 등을 섞어 만든 청동은 곳곳에 널려 있는 돌에 비해 귀할뿐더러 만들기도 힘들어 널리 쓰이지 못했어요. 귀한 재료니까 신분이 높고 힘이 있는 지배층의 무기나 장식품으로 쓰였어요. 또 청동으로는 농기구를 만들지 못했어요. 귀하기도 했지만 무르고 부러지기 쉽기 때문이었지요. 일반 사람들은 여전히 돌을 갈아서 만든 반달돌칼이나 돌도끼, 돌낫과 같은 농기구를 만들어 썼어요.

고조선 후기에는 철기 시대가 들어섰어요. 철을 불에 달구어 두들겨 무기나 장식품을 만들었지요. 거푸집에 넣어 만드는 청동보다 철은 훨씬 더 단단하고 날카로워요. 철로 만든 낫과 도끼 등으로 농사를 짓게 되면서부터 농작물의 수확량도 훨씬 더 늘었어요.

사건 명

열두 배로 갚아라!

부여의 1책12법

열두 배로 갚아라!

깊은 밤, 검은 그림자 하나가 우수리네 창고에서 나와 까치발을 딛고 걸어가고 있었어요.

"킥킥, 오늘도 쉽게 훔쳐 가는군."

곡식 자루를 멘 어깨가 들썩이더니 웃음소리가 새어 나왔어요.

"저놈 잡아라!"

우수리가 소리치자 마을 곳곳에 숨어 있던 사람들이 횃불을 들고 뛰어나왔어요.

"이키, 들켰나 보군. 어서 달아나자!"

그림자는 힘껏 뛰어 마을 어귀를 지나 돌다리까지 내달렸어요. 몸이 날쌘 우수리가 그 뒤를 바짝 뒤쫓았어요.

"도둑이 저 돌다리를 건너면 잡을 수 없을 거야. 어떻게든 막아야 해."

그림자가 돌다리에 한 발을 내딛는 순간, 뒤따라온 우수리가 그림자를 향해 작은 돌멩이를 던졌어요.

"아얏!"

우수리가 던진 돌멩이에 다리를 맞은 도둑이 휘청댔어요. 첨벙! 소리가 나더니 물에 빠지고 말았어요.

"곡식 도둑을 드디어 잡았다!"

헉헉거리며 달려온 우수리가 돌다리에 널브러져 있는 곡식 자루를 들어 올리며 말했어요.

다음 날 아침, 마을 회의장에 사람들이 모여들었어요.

"우수리네 곡식을 훔친 도둑을 잡았다며?"

"저 사내라네. 그런데 처음 보는 사람이야."

"우리 마을은 가축 도둑은 물론이고, 곡식 도둑이 없기로 유명한데 이게 무슨 일이야!"

부족장이 회의장에 들어오자 웅성거리던 소리가 딱 멈췄어요. 부족장은 높은 자리에 앉아서 무릎을 꿇고 있는 사내를 내려다보았어요.

 **부족장** 너는 우리 마을 사람이 아니구나. 어디 사는 누구냐?

 나부 나부라고 합니다. 저기 언덕 두 개 너머 마을에 삽니다.

 **부족장** 언덕 너머 마을에 사는 네가 우리 마을엔 무슨 일로 왔느냐? 너는 어젯밤, 우수리네 창고에서 곡식을 훔쳐 도망가다가 붙잡혀 왔다. 네 죄를 인정하느냐?

 나부 저는 훔치지 않았습니다. 친구한테서 곡식을 빌려 가던 중에 길을 잘못 들어 이 마을에 온 것입니다. 결단코 훔친 게 아닙니다.

 **부족장** 우수리는 앞으로 나오라! 너는 곡식 자루를 도둑맞은 일이 있느냐?

 우수리 올해는 철로 만든 괭이로 땅을 더 깊이 갈아 곡식이 잘 자랐습니다. 철로 만든 낫으로 곡식을 더 빨리, 더 많이 거두어들일 수 있었고요. 그런데 며칠 전부터 창고에 쌓아둔 곡식 자루가 하나둘 없어졌습니다. 처음엔 배고픈 사람이 가져갔겠거니 생각했는데, 점점 큰 곡식 자루가 없어지지 뭡니까. 어젯밤 마을 사람들과 지키고 있다가 이자가 저희 창고에서 곡식 자루 들고나오는 것을 보았습니다.

 마을 사람들이 나부가 우수리네 창고에서 곡식 자루를 메고 나오는 것을 보았다고 차례차례 증언했어요. 하지만 나부는 볼일이 급해 뒷간을 잘못 찾아들어 갔다고 우겨댔어요. 그리고 큰 소리가 나서 당황한 나머지 뒤도 돌아보지 않고 뛰었다고 말했어요.
 그러자 우수리가 바지춤에서 무언가를 주섬주섬 꺼냈어요. 회의장에 있던 사람들이 고개를 쑥 빼고 우수리가 꺼낸 길쭉한 천 조각을 보았어요.

부족장 그건 무엇이냐?

 우수리 저희 창고에 찍힌 발자국 길이를 잰 것입니다. 곡식 자루를 훔쳐 간 도둑을 잡으려고요. 이 천의 길이가 저자의 발 길이와 똑같을 것입니다.

 나부 푸하하하하. 여기 있는 사람들의 발 길이와 먼저 비교해 보십시오. 길이가 똑같은 사람이 한둘이 아닐 겁니다.

 **부족장** 나부는 조용히 하라.

그러나 나부의 말처럼 우수리가 가져온 천의 길이와 발 길이가 같은 마을 사람들이 많았어요. 우수리는 당황했어요.

 나부 보십시오. 그러면 이 사람도 도둑이고, 저 사람도, 또 그 옆에 있는 사람도 도둑이 아닙니까?

 부족장 이 자루가 네가 메고 가던 곡식 자루가 맞느냐?

 나부 그렇습니다. 저자가 던진 돌멩이에 맞아 발을 헛디뎌 떨어뜨린 것입니다.

 부족장 확실하냐?

 나부 확실합니다. 친구에게 빌린 곡식을 담은 자루입니다.

부족장 그렇다면 저 자루가 바로 네가 도둑이라는 증거가 되겠구나!

 나부 이건 어디서나 쉽게 볼 수 있는 곡식 자루입니다. 이게 어찌 제가 도둑이라는 증거입니까?

나부가 오히려 당당하게 말하자 우수리는 기가 막혔어요. 하지만 곧 우수리는 부족장이 한 말의 뜻을 알아차리고는 곡식 자루를 나부의 눈앞에 들이밀었어요.

 우수리 여기 이 표식이 보이시오?

 나부 거기 무슨 표식이 있단 말이오?

 우수리 이건 우리 어머니가 곡식 자루에 표시해 둔 것이오. 이 자루가 우리 집 창고에서 나온 거라는 걸 모르는 사람은 우리 마을에 없소.

곡식 자루 모서리에는 별 모양 같기도 하고 불가사리 모양 같기도 한 것이 수놓아져 있었어요. 자세히 보지 않으면 알아차리지 못할 정도의 크기였지요.

 **부족장** 우리는 송화강 근방의 넓은 들판에서 농사를 짓고 돼지를 놓아 기른다. 곡식도 많이 거두어들여 자루가 많이 필요하지. 우리 마을의 곡식 자루에는 집집마다 다른 표시를 해 두었다. 서로 섞이지 않게 말이다. 이걸 아

는 건 우리 마을 사람뿐이다. 언덕 너머 마을에 사는 네가 그걸 알 턱이 없지. 너는 우수리의 곡식을 훔친 도둑이 분명하다. 바른대로 말하라.

 나부　…….

 부족장　이렇게 증거가 분명한데도 거짓말을 할 테냐!

 나부　…….

 부족장　마을 원로들과 함께 의논하여 나부에게 내릴 벌을 정할 것이다!

부여에는 이런 법이 있었어요

부여의 1책12법

살인한 사람은 사형에 처하고, 그 가족을 노비로 삼는다.
질투가 심한 아내는 사형에 처한다.
다른 사람의 물건을 훔친 사람은 열두 배로 갚는다.

부여에서는 사람의 목숨을 소중히 여겨 다른 사람의 목숨을 빼앗은 사람은 사형에 처하는 무거운 형벌로 다스렸어요. 또 그 가족에게도 책임을 물어 노비로 삼았어요. 부여에 노비 제도와 신분 제도가 있었음을 알 수 있어요.
다른 사람의 물건을 훔친 사람은 열두 배로 갚는다는 것을 '1책12법'이라고 해요. 하나의 잘못에 열두 배로 손해를 물어 주어야 한다는 뜻이에요. 부여에도 개인의 재산이 있었음을 알 수 있어요.

함께 읽는 판결문!

사 건

언덕 너머 마을에 사는 나부는 우수리네 창고에서 곡식 자루를 훔쳐 달아나다가 붙잡혀 왔다. 이에 우수리는 곡식을 훔친 범인으로 나부를 고발하였다.

판결문

나부가 우수리네 창고에서 곡식 자루를 훔쳐 도망간 것을 본 마을 사람들의 증언과 곡식 자루에 있던 표식, 창고에 찍힌 발자국 길이를 보건대, 나부가 우수리네 곡식 자루를 훔친 사실이 인정된다.

착하고 부지런한 우리 마을 사람들을 비웃기라도 하듯, 발자국 길이와 창고에 드나든 흔적 등을 이야기할 때 나부는 그 증거를 비웃었다. 게다가 죄를 뉘우치고 잘못을 빌기는커녕 거짓말까지 하였다.

우리 부여는 넓고 비옥한 평야에서 농사짓고 소, 말, 돼지 등 가축을 기르며 살아가고 있다. 그러나 죄를 지은 사람들은 엄히 다스리고 있다. 그래야만 혼란 없이 평화롭게 지낼 수 있기 때문이다.

부여의 엄격한 규율에 따라 나부는 훔친 곡식의 열두 배를 갚아야 한다. 곡식을 훔쳤으니 소금으로 갚아라!

【1책12법】 1책12법은 고구려까지 이어졌어요. 고구려에서는 짚신을 훔친 사람에게 소금으로 갚으라는 판결을 내렸다는 기록이 있어요.

아하! 그래서 이런 법이 생겼구나!

부여는 어떤 나라였을까?

1. 부여의 문화

부여는 송화강 근처 넓은 평야에 자리 잡고 있어 농사와 소, 돼지, 말, 개 등 가축을 기르는 목축이 발달했어요. 왕이 중앙을 다스리고 자신들이 기르는 가축 이름을 딴 우가, 저가, 마가, 구가 부족장이 사출도라는 지역을 다스렸어요. 왕의 권력이 강하지 못해 홍수가 나거나 가뭄이 들면 왕에게 책임을 물어 내쫓기도 하고 심지어는 죽이기도 했어요.

부여에는 왕이나 관리 등 신분이 높은 사람이 죽으면 그들을 모시던 노비들을 함께 묻는 '순장' 풍습이 있었어요. 또 해마다 12월에 하늘에 제사 지내는 제천 행사를 했어요. 이를 '영고'라 하지요. 이때는 노래와 춤을 즐기며 온 나라에 축제를 벌였으며, 감옥에 갇힌 죄수를 풀어 주기도 했어요.

2. 부여의 철기 문화

고조선이 멸망할 무렵, 철기 문화가 들어오면서 새로운 나라가 생겨나기 시작했어요. 이 나라들은 철로 만든 농기구와 무기를 만들어 썼어요. 철로 만든 괭이나 보습으로 벼를 더 빨리, 더 많이 수확할 수 있게 되었지요. 철로 만든 무기는 청동으로 만든 무기보다 훨씬 더 위협적이었지요. 그래서 주변에 있는 부족들과 전쟁을 벌이는 일이 잦아졌어요.

만주 송화강 유역에는 부여, 그 아래쪽에는 고구려, 동해안과 그 위쪽에는 동예와 옥저, 남부 지방에는 마한 진한 변한(삼한)이 생겨났어요. 후에 마한은 백제로, 진한은 신라로, 변한은 가야로 발전했어요.

사건 명
하루아침에 노비가 되다
고구려의 율령

하루아침에 노비가 되다

"에이, 도둑놈 같으니라고!"

"쉿, 조용히 해요. 귀족한테 욕하는 걸 들켰다가는 무슨 봉변을 당할지 모르오."

"이게 도둑이지 뭐가 도둑이오. 터무니없이 비싼 이자를 받으니 하는 말이오. 곡식을 빌리는데, 이자가 빌린 곡식의 반이라니 말이 되오?"

"그래도 어쩌겠소? 당장 가족들이 굶어 죽게 생겼는걸."

고구려 귀족 연개위의 집에서 곡식을 빌려 나오는 사람들이 하나같이 투덜거렸어요.

"이자를 그렇게나 많이 받는다고? 그냥 돌아갈까? 아니야. 굶주리는 아버지와 아내, 그리고 아이들을 생각해야 해."

줄 맨 끝에 있던 위명이 혼잣말을 했어요.

위명은 아버지와 아이들, 그리고 아내와 함께 열심히 일해 마을 끝자락에 작은 땅을 얻어 농사지어 그럭저럭 먹고살았어요. 그러나 올봄은 다른 때보다 더 힘들었어요. 작년에 농사지은 보리로 멀건 보리죽을 끓여 장국과 소금에 절인 무를 먹다가 그마저도 떨어져 산에 가서 나무뿌리를 캐어 죽을 쑤어 먹었어요. 다리를 다쳐 움직이지 못하는 아버지와 배고프다고 우는 아이들, 갓 태어난 아기, 먹지 못해 젖이 안 나오는 아내까지 도무지 버틸 재간이 없었어요.

"새로 심은 보리가 빨리 익으면 좋으련만 더는 버틸 수가 없구나."

드디어 위명 차례가 되었어요. 마당에 들어서자 보리쌀과 콩, 조가 그득 담긴 자루가 눈에 띄었어요. 노비들이 연개위의 명령에 따라 줄을 선 사람들에게 곡식을 담아 주었어요.

연개위는 방문을 열어 놓은 채 방 안에서 밥을 먹고 있었어요.

'귀족 밥상은 다르구나. 춘궁기에도 하얀 쌀밥에 돼지고기와 사슴 고기를 구워 먹다니!'

밥상 옆 화로에서 고기 굽는 연기가 마당까지 흘러왔어요. 위명은 콧구멍을 벌름거리며 연기를 들이마셨어요. 꼬르륵꼬르륵. 배에서 꼬르륵 소리가 요동쳤어요. 위명은 마른침만 꿀꺽 삼켰지요.

"마을 끝자락에 사는 위명이라 합니다. 보리쌀과 조를 빌리러 왔습니다."

"가을걷이가 끝난 뒤에는 빌린 곡식과 곡식의 반을 이자로 갚아야 하는데, 그래도 빌리겠느냐?"

연개위가 고기를 우걱우걱 씹으며 큰 소리로 물었어요.

"만약 갚지 못하면 우리 집 노비가 되어야 한다."

'도둑이 따로 없구나…….'

위명은 두 눈을 질끈 감고 그러겠다고 대답했어요. 밥 달라고 떼쓰는 아이들 생각에 어쩔 수 없었어요.

"여기에 저자의 손가락을 새겨 두어라."

노비가 글자가 적힌 목간_{글을 쓴 나뭇조각}을 받아들고는 위명의 엄지손가락 모양을 새겼어요. 노비 가운데 한 사람이 안타까운 표정으로 위명을 쳐다보았지만 위명은 미처 알아차리지 못했어요.

"열심히 농사지어 가을에 이자까지 꼭 갚을 테다."

위명은 보리쌀과 조를 받아들고 집으로 터덜터덜 걸어갔어요.

가을걷이할 때가 다가오고 있었어요. 위명은 다른 때보다 더 열심히 농사지었지만, 태풍이 두 차례나 불어오고 비가 많이 내려 곡식이 잘 자라지 못했어요.

"벼가 영글기는커녕 쭉정이가 많네……. 빌린 곡식 갚을 날은 다가오는데 어쩌지?"

위명은 누렇게 변해가는 들판을 바라보며 불안한 나날을 보냈어요.

하루는 위명이 들판으로 나가다가 울부짖는 소리를 들었어요.

"조상 대대로 내려온 땅을 빼앗겼으니 이제 어떻게 살아야 하나!"

위명이 다가가 우는 사내를 일으켜 세웠어요.

"땅을 빼앗기다니? 그게 무슨 말인가?"

"자네도 알지 않은가? 이 땅이 어떤 땅인지. 조상 대대로 내려온 땅이라네. 올봄에 연개위에게 곡식을 빌렸는데 가을이 되어 갚지 못하자 우리 땅을 헐값에 산다지 뭔가. 이건 값을 주고 사는 것도 아니라네. 그냥 빼앗는 거라네."

"마을 관리에게 가서 하소연해 보지 그러나?"

"소용없는 일이네. 관리도 귀족 연개명의 눈치만 보는걸. 봄에 곡식을 빌리는 게 아니었어. 그냥 굶었어야 했는데……."

사내는 땅을 치며 통곡했어요. 위명은 사내에게 아무런 도움을 줄 수 없어 안타까워했고, 자신에게도 곧 닥칠지 모를 일이라 두려워했어요.

가을걷이가 끝나자마자 연개위가 노비들을 이끌고 위명의 땅으로 들이닥쳤어요.

"봄에 빌려 간 곡식에 이자까지 쳐서 내놓아라."

연개위는 혹여나 비단옷에 흙이 묻을까 높다란 논두렁에 조심조심 서 있었어요.

"시간을 좀 주십시오. 보시다시피 올해는 흉년이 들어 거두어들인 곡식이 거의 없습니다."

"벌써 이틀이나 지났다. 시간을 더 달라고? 그러면 갚을 수나 있고?"

위명은 고개를 떨구었어요. 온 나라에 흉년이 들어 곡식을 빌릴 곳도 빌릴 사람도 없었거든요.

"너는 이제 우리 집 노비가 되어야 한다. 어서 이놈을 끌고 가자."

노비들이 양쪽에서 위명의 팔을 잡았어요.

"아부지, 아부지. 아부지가 왜 노비가 돼요?"

옆에 있던 아이들이 위명의 바짓가랑이를 붙잡았어요.

"제발, 어린것들을 봐서 한 번만 봐 주십시오. 제가 노비가 되면 우리 가족은 누가 먹여 살립니까?"

"그거야 내 알 바 아니다!"

연개위는 콧방귀를 뀌었어요. 그 모습을 본 위명은 갑자기 화가 치밀어 올랐어요.

"이런 법이 어디 있습니까? 제아무리 곡식을 빌렸다지만 빌린 곡식의 반을 이자로 달라니요!"

위명의 목소리가 가늘게 떨렸어요.

"이제 와서 그런 말을 하면 무엇 하느냐? 빌린 곡식을 갚지 못하면 노비가 되겠다고 약속하지 않았느냐?"

연개위가 위명의 손가락이 새겨진 목간을 내밀었어요.

"그렇기는 하지만……. 그건 처음부터 잘못된 것입니다. 이런 법은 없습니다!"

"법이라고? 고구려 귀족인 내 말이 곧 법이다!"

연개위는 큰소리를 치고 저만치 앞서갔어요. 위명은 노비들에게 끌려가고 위명의 아내와 아이들이 울며 그 뒤를 따라갔어요.

고구려에는 이런 법이 있었어요

고구려의 율령

고구려는 처음에 작은 나라였지만 주변 나라와 전쟁을 하여 땅을 넓히고
점차 강한 나라로 발전했어요.
나라가 커지고 다양한 세력이 등장하자 이제까지 내려오던 관습법에서 벗어나
법체계를 정비하여 통일된 규범으로 나라를 다스릴 필요가 생겼어요.
소수림왕?~384, 고구려 제17대 왕 때 율령을 반포했어요.
율령은 형법율과 행정법령을 아우른 말이에요.
율은 어떤 죄를 지으면 어떤 벌을 받는지를 정한 것이고,
령은 나라의 여러 가지 제도를 규정한 것이에요.
율령을 반포하여 나라를 다스리자 왕의 권력이 강해졌어요.
엄격한 율령과 강력한 왕권을 바탕으로
나라의 체제를 정비하고 영토 전쟁에 박차를 가할 수 있었어요.
중국의 역사서인《구당서》에는 고구려는 법을 엄격히 적용해 반역자와 살인자는
목을 베고, 소와 말을 죽인 사람은 노비로 삼는다는 내용이 나와요.

함께 읽는 판결문!

사건

농부 위명은 봄에 귀족 연개위에게 곡식을 빌렸다. 가을이 되어 빌린 곡식과 곡식의 반을 이자로 주어야 하는데 갚지 못했다. 이에 연개위는 위명이 자기 집 노비가 되어야 한다고 주장했다.

판결문

연개위와 노비들의 말, 빌린 곡식과 이자를 갚지 못할 때는 연개위의 노비가 되겠다고 약속한 목간 등을 볼 때, 연개위의 말이 사실임이 인정된다.

비록 터무니없이 많은 이자를 받는 것이기는 하지만, 위명이 이미 약속하였으므로 위명은 연개위의 노비가 되어야 한다.

◈ 고구려 귀족들은 봄에 가난한 백성들에게 비싼 이자를 받고 곡식을 빌려주었어요. 가을이 되어 곡식을 갚지 못하면 땅을 빼앗거나 노비로 만들어 버렸지요. 귀족의 땅과 재산은 점점 늘어나고 백성들은 점점 살기 힘들어졌어요. 고국천왕?~197, 고구려 제9대 왕 때, 국상인 을파소는 이를 막기 위해 '진대법'을 만들었어요.

아하! 그래서 이런 법이 생겼구나!

곡식을 빌려주는 제도

1. 고구려의 진대법

고국천왕은 을파소를 등용하여 백성이 잘살고 나라를 잘 다스릴 방법을 찾기 위해 노력했어요. 을파소는 귀족들이 봄에 가난한 백성들에게 비싼 이자를 받고 곡식을 빌려주었다가 가을에 갚지 못하면 싼값에 땅을 사들이거나 노비로 만들어 버린다는 것을 알게 되었어요. 귀족들은 더 많은 땅과 더 많은 노비가 생겨 권력이 더 커지고, 백성들은 점점 더 힘들게 살아가고 있었어요.

을파소는 가난한 백성들을 돕기 위해 봄철에 나라에서 곡식을 빌려주었다가 가을에 갚게 하는 진대법을 만들었어요.

진대법으로 농민의 생활은 안정되고 인구도 늘어나게 되지. 귀족들의 세력이 커지는 것도 막을 수 있었어.

2. 고려와 조선의 구휼제도

고려 시대에는 상평창과 의창을 두어 가난한 백성들을 도와주었어요. 상평창은 값이 내릴 때, 생활에 필요한 물건을 사들였다가 값이 오를 때 물가를 조절하는 기관이에요. 의창은 나라에서 곡식을 사들였다가 흉년이 들거나 전염병이 퍼질 때 가난한 백성들에게 곡식을 빌려주던 기관이에요.

조선 시대에는 흉년이 들어 봄철에 굶주리는 백성이 많아지면 나라에서 곡식을 빌려주고 가을에 갚게 하는 '환곡 제도'가 있었어요. 하지만 조선 후기로 가면서 환곡 제도는 오히려 가난한 백성을 괴롭히는 제도가 되었어요. 강제로 곡식을 빌리게 하고는 빌려주는 곡식에 모래를 섞기도 하고, 곡식 대신 돈으로 갚게 하여 관리들의 배만 불리는 제도로 전락하고 말았어요.

백성들을 위한 제도가 백성들을 괴롭히는 제도가 되기도 해. 그래서 늘 법과 제도는 만들어진 의도대로 잘 쓰이고 있는지 살펴봐야 하지.

사건 명

차별 없이 똑같이 나누어라!

신라의 율령

차별 없이 똑같이 나누어라!

신라 서라벌^{경상북도 경주의 옛 이름}에 사는 김서신의 집에서 작은 소란이 벌어졌어요. 얼마 전 서라벌에 역병이 돌아 김서신의 아버지와 어머니가 한꺼번에 돌아가셨어요. 장례를 치르고 나서 아버지의 유언대로 아들인 김서신과 딸인 김연희는 논밭과 노비, 집 등 재산을 똑같이 물려받았어요. 그런데 김서신이 이에 불만을 품은 거예요.

"아버지가 너와 나에게 재산을 똑같이 물려주실 줄은 몰랐다. 나는 우리 집안을 이끌어갈 막중한 임무가 있는 사람이다."

"……."

"너는 결혼하면 남편 집으로 갈 터인데, 그런 너와 재산을 똑같이 나누다니!"

"……."

"아버지 어머니의 제사도 이 집에 있는 내가 지내야 하는데 똑같이 나누는 것은 말이 안 된다!"

김서신의 말을 가만히 듣고 있던 김연희가 무언가를 결심한 듯 입을 열었어요.

"오라버니!"

김연희가 단호한 목소리로 자신을 부르자 김서신이 멈칫했어요.

"저는 결혼한 뒤에도 이 집에 살다가 아이가 다 자라면 함께 남편 집으로 갑니다. 그게 신라의 풍습이지요. 그런데 어찌 저보고 남의 집 사람이라 하옵니까?"

김서신은 아무 대답도 하지 못했어요.

"그리고 또!"

김연희는 계속 말을 이었어요.

"아버지, 어머니 제사도 오라버니와 제가 번갈아 가며 지내면 되지 않습니까? 그게 신라의 풍습이고 다른 집도 다 그리하는 줄 압니다."

사실 김연희는 물려받은 재산에 큰 욕심이 없었어요. 김서신에게 자신이 물려받은 재산을 더 줄 수도 있다고 생각했어요. 그런데 김서신이 억지를 부리고 자신을 무시하는 말을 계속하자 참을 수가 없었어요. 이참에 김서신의 생각을 바꾸어 놓아야겠다고 결심했어요.

김연희의 어머니는 여자와 남자는 신체에 따른 차이가 있을 뿐 함께 일해야 한다고 가르쳤어요. 남자들이 쟁기를 끌면 여자들이 씨를 뿌리고, 남자들이 전쟁터에 나가면 여자들이 농사일을 도맡아 하는 것처럼요. 그리고 여

자도 남자도 똑같이 권리가 있다고 가르쳤어요.

"신라 여자들은 절에서 부처님께 공양드리는 행사를 이끌기도 하고, 솜씨 좋은 여자 기술자들을 모아 수공업 관청을 운영하고 있지. 연희 너도 손재주가 좋고 똑똑하니 분명 나라를 위해 쓰임새가 있을 게다."

언제나 자신감과 용기를 북돋워 주었던 어머니가 오늘따라 더 보고 싶었어요. 김연희가 잠시 어머니 생각에 잠겨 있을 때, 김서신이 갑자기 신세 한탄을 했어요.

"우리 집안은 5두품으로 왕족에 비할 바는 아니지만 제법 권력을 행사한다. 재산으로만 보면 6두품에 미치지 못할 이유가 없다. 그런데 우리는 5두품이라 집도 6두품보다 작아야 하고 말도 세 마리밖에 갖지 못한다. 아무리 열심히 공부해도 오를 수 있는 관직에는 한계가 있다. 그러니 이 마음을 재산으로라도 보상받아야겠다! 네가 물려받은 재산을 내놓아라."

김서신은 자리에서 벌떡 일어섰어요. 그러자 김연희도 벌떡 일어나며 이렇게 외쳤어요.

"그럼, 재판을 받겠습니다!"

얼마 뒤, 김서신과 김연희가 관아에서 재판을 받게 되었어요.

"김서신은 여동생 김연희와 재산을 똑같이 나눌 수 없다고 주장하는데 맞느냐?"

김서신이 '네.'라고 대답했어요.

"김연희는 오라비인 김서신과 재산을 똑같이 물려받아야 한다고 주장한다. 맞느냐?"

김연희도 '네.'라고 대답했어요.

"신라에서는 아들과 딸에게 재산을 똑같이 물려준다. 특별한 이유가 없다면 그리하도록 하라.”

재판관이 대수롭지 않다는 듯 판결을 내렸어요.

"우리 집안은 다르다며, 아버지가 특별히 저에게 재산을 더 물려주신다고 유언하였습니다."

김서신과 김연희는 재산을 똑같이 물려주신다는 유언을 함께 들었어요. 그런데 지금 김서신은 동생의 몫을 빼앗기 위해 거짓말하는 거예요.

"아버지는 그런 유언을 하지 않으셨습니다."

김연희가 당당하게 말했어요.

"증인이 있느냐?"

재판관의 물음에 김연희는 고개를 가로저었어요. 김서신은 자신이 이겼다고 생각하며 슬며시 미소를 지었어요. 그때, 김연희가 소맷자락에서 종이 한 장을 꺼냈어요.

"이것은 아버지의 유언장입니다."

김연희는 재판관에게 유언장을 보여 주었어요.

"그것이 진짜 아버지의 유언장인지 어찌 압니까?"

김서신이 의구심이 가득한 눈빛으로 말하자, 재판관은 김서신에게 유언장을 읽어 보라고 주었어요. 분명 돌아가신 아버지의 글씨체와 인장이 찍힌 유언장이었어요. 김서신은 차마 그것마저 아니라고 거짓말할 수는 없었어요.

"어찌하여 김연희는 아버지의 유언장을 가지고 있으면서도 김서신에게 보여 주지 않았느냐? 이것만 보여 주었더라면 이 자리에 오지 않아도 되었을 것을."

재판관이 의아해하며 물었어요.

"부끄러운 말씀이오나, 저희 오라버니는 욕심이 많아 아버지 어머니가 돌아가시는 순간까지 걱정하였습니다. 그 욕심 때문에 저를 빈털터리로 내치지나 않을까 하고 말입니다. 그래서 병세가 위중한데도 저를 따로 불러 이 유언장을 주셨습니다. 만약 오라버니가 유언대로 하지 않으면, 관아에 가서 유언장을 보여 주고 재판을 받아 확답을 받으라고 하셨습니다."

김연희는 돌아가신 아버지 어머니 생각에 눈물을 글썽였어요.

"네 부모님은 돌아가시면서도 둘이 서로 협심해서 집안을 잘 이끌라 당부하였다. 김서신은 오라비가 되어 동생을 보듬어 주기는커녕 재산을 더 많이 가지려 거짓말까지 하다니, 참으로 안타까운 노릇이다."

재판관의 말에 김서신의 얼굴이 붉어졌어요.

신라에는 이런 법이 있었어요

신라의 율령

신라는 법흥왕?~540, 신라 제23대 왕 때 율령을 반포했어요.
기록이 남아 있지 않아 율령의 상세한 내용은 알 수 없지만, 남아 있는
신라의 비석과 목간을 통해 율령의 내용과 신라 시대의 생활 모습을 알 수 있어요.
단양 신라 적성비는 진흥왕534~576, 신라 제24대 왕이 고구려 영토인 적성을 차지한 뒤
세운 비석이에요. 신라의 영토 확장을 돕고 충성을 바친 적성 사람에게
상을 내리겠다는 내용이 새겨져 있어요.
또 이 비석에 새겨진 내용으로 진흥왕 때 신라의 노역 체제와 재산 분배에 관한
법이 마련되었다는 것을 알 수 있어요.
경남 함안 성산산성에서 발견된 목간에는 지방 관리가 법 집행을 잘못한 것을
중앙 관리에게 보고하는 내용이 쓰여 있어요. 이를 통해 신라는 중앙에서
지방 행정을 엄격히 관리하였으며 율령을 통한 지배 체제가 갖추어졌다는 것을
알 수 있지요.

함께 읽는 판결문!

사건

김서신과 김연희는 돌아가신 부모님의 유언에 따라 재산을 똑같이 물려받았다. 그러나 김서신이 재산을 똑같이 나눌 수 없다고 하자, 이에 김연희가 재판을 의뢰했다.

판결문

김연희의 말과 아버지가 남긴 유언장을 보건대, 김서신과 김연희는 재산을 똑같이 물려받아야 한다는 사실이 인정된다.

우리 신라에서는 남자와 여자의 차별이 적으며, 여자도 사회적·경제적으로 매우 자유롭다. 신라의 여자들은 부처님께 공양드리는 행사를 이끌기도 하고, 화폐로도 쓰이는 옷감을 짜서 집안과 나라 살림에 도움을 많이 준다. 또 부모가 죽으면 아들과 딸이 재산을 똑같이 물려받으며, 제사도 아들만 모시는 것이 아니라 딸도 함께 모시는 풍습이 있다.

따라서 김연희가 김서신보다 재산을 적게 물려받을 이유가 없다. 김서신과 김연희는 재산을 차별 없이 똑같이 나누어라.

아하! 그래서 이런 법이 생겼구나!

신라는 어떤 나라였을까?

1. 신라의 골품 제도

　신라에서는 혈통에 따라 신분이 엄격하게 나뉘었어요. 골품 제도는 뼈(骨), 즉 혈통에 따라 벼슬의 등급(品)을 나눈다는 것으로, 태어날 때부터 이미 신분이 정해져 있고 죽을 때까지 바꿀 수 없었어요. 왕족인 성골과 진골, 귀족인 6두품 5두품 4두품, 평민인 3두품 2두품 1두품으로 나누었어요.

　골품 제도에 따라 올라갈 수 있는 벼슬이 정해져 있고, 사는 집의 크기와 타고 다니는 말의 수, 심지어는 옷의 색깔까지 정해져 있었어요.

　신라의 왕족들이 왕위 다툼을 하고 귀족들이 개인 군사를 거느리고 재산을 끌어모아 사치하는 동안 백성들은 점차 불만이 쌓여갔어요. 신라 말에는 엄격한 골품 제도에 불만을 품은 지방 호족 지방에 살며 재산이 많고 세력이 있는 사람들이 백성들과 함께 난을 일으키기도 했어요.

등급	관등명	진골	6두품	5두품	4두품	복색
1	이벌찬					자색
2	이찬					
3	잡찬					
4	파진찬					
5	대아찬					
6	아찬					비색
7	일길찬					
8	사찬					
9	급벌찬					
10	대나마					청색
11	나마					
12	대사					황색
13	사지					
14	길사					
15	대오					
16	소오					
17	조이					

2. 신라 시대의 여성

신라에서는 왕족 가운데 성골만 왕이 될 수 있었어요. 하지만 성골 남자가 없어서 여성이면서 진골인 선덕여왕?~647, 신라 제27대 왕이 왕위에 올랐어요. 이후에도 진덕여왕?~654, 신라 제28대 왕과 진성여왕?~897, 신라의 제51대 왕이 왕위에 올랐어요. 특히 선덕여왕과 진덕여왕 때는 첨성대와 황룡사 구층 목탑 등을 창건하였고, 백제에 빼앗겼던 땅을 되찾았으며 뛰어난 외교 능력으로 당나라와 교류하는 등 나라를 평화롭게 다스렸어요.

신라 시대에는 재주 많은 여성 수백 명을 뽑아 수련시켜 부모에게 효도하고 나라에 충성하는 인재로 키우는 '원화 제도'가 있었어요. 또 신라의 왕녀는 가배 행사를 맡아 관리했어요. 왕녀들은 나라 안의 여인들을 두 편으로 나누어 각각 한 편씩 거느리고 길쌈 짜기 내기를 했어요. 진 편에서 추석 음식을 마련하고, 춤과 노래와 여러 가지 놀이를 하지요. 이 행사는 추석 전 한 달 동안이나 계속되었어요.

조선 초기 《경국대전》에 아들과 딸에게 재산을 똑같이 물려주어야 한다는 내용이 있어. 하지만 조선 후기에 성리학의 이념이 널리 보급되면서 맏아들을 중요하게 여기게 되고 맏아들에게 제사 지내게 하면서 재산을 더 많이 물려주었으며 남녀 차별이 생겨나기 시작했지.

사건 명

수상한 관리

백제의 율령

수상한 관리

"어서 안으로 들어가거라!"

한 사내가 포승줄에 묶여 옥사에 들어왔어요.

"이자는 무슨 죄를 지었는가?"

옥사를 지키는 관리가 사내를 데려온 동료 관리에게 물었어요.

"도둑질하다가 붙잡혔다네!"

"쯧쯧쯧, 생긴 것도 멀쩡하고 옷차림새도 멀쩡한데 도둑질을 하다니!"

관리는 사내의 옷차림새를 꼼꼼히 살폈어요. 사내는 관리의 눈빛이 느껴지자 얼굴을 돌렸어요.

"내일 재판을 받을 거라네. 오늘 밤은 옥사에서 지내야 하니, 자네가 잘 지키게."

"염려 말게. 도망가지 못하게 잘 지키겠네. 자네는 어서 들어가 보게."

옥사에는 나무 기둥을 이어 만든 칸이 모두 네 칸 있었어요. 죄가 없다며 악다구니를 쓰는 사람이 홀로 갇혔고, 구석에 고개를 숙이고 있는 세 명이 같은 칸에 갇혔어요. 나머지는 비어 있었고요.

"여기로 들어가시오."

사내는 홀로 갇혔어요.

밤이 되자, 죄수들이 하나둘 잠들고 옥사 안이 조용해졌어요. 코 고는 소리와 뒤척이는 소리, 횃불 타는 소리만 타닥타닥 들려왔어요.

밤이 더 깊었어요. 여전히 코 고는 소리와 타닥타닥 소리만 들렸어요. 끼이익, 옥사의 문이 열리더니 관리가 들어와 깨어 있는 죄수가 없는지 살폈어요. 아무도 깨어 있지 않다는 것을 확인한 관리는 낮에 악다구니를 쓴 덩치 큰 사내가 갇힌 곳으로 살금살금 갔어요.

"이보게."

관리가 목소리를 낮추고 덩치 큰 사내를 흔들어 깨웠어요.

"이보게, 좀 일어나 보게."

덩치 큰 사내가 부스스 일어나 앉았어요.

"무슨 일입니까?"

"저울 눈금을 속였다지?"

"억울합니다. 제가 눈금을 속인 게 아닙니다. 저는 고장 난 저울을 산 죄 밖에 없습니다."

덩치 큰 사내가 억울하다는 듯 인상을 찌푸렸어요.

"내가 자네를 도와줄 수도 있는데……."

그 소리에 덩치 큰 사내가 자세를 고쳐 앉고 두 손을 가지런히 모았어요.

"방법이 있단 말입니까?"

"쌀과 옷감을 주면 옥살이를 편히 할 수 있게 해 주겠네."

"정말입니까? 정말이지요? 그럼 내일 사람을 시켜 쌀과 옷감을 가져오라고 하겠습니다."

"그럼, 어서 자게나."

관리는 만족한 웃음을 지었어요. 하지만 낮에 옥사에 들어온 사내가 깨어 있는 줄은 미처 몰랐어요. 그들이 나눈 대화를 듣고 있는 줄은 더더욱 몰랐고요.

관리는 죄수들을 주욱 훑어보았어요. 관리의 눈길이 낮에 옥사에 들어온 사내에게 꽂혔어요. 관리의 눈길이 느껴지자 사내는 얼른 눈을 감고 자는 척했어요. 다행히 관리는 알아차리지 못했어요.

관리가 사내가 있는 칸으로 가서 조용히 사내를 깨웠어요.

"으, 음, 왜 그러십니까……."

사내는 방금 잠에서 깨어난 척 두 눈을 비볐어요.

"도둑질할 사람은 아닌 듯한데, 억울한 사정이 있나 보오."

사내는 아무 말 없이 관리를 쳐다보았어요.

"도둑질한 사람은 두 배로 물어주고 귀양을 가야 하지 않소? 머나먼 곳으로 귀양 가고 싶소?"

귀양이라는 말에 사내가 몸을 움찔거렸어요.

"귀양 가지 않을 방법이 있단 말입니까?"

"방법이야 만들면 있지. 은을 주면 다른 사람과 바꿔치기해 주겠소. 다른 이를 대신 귀양 가게 해 주겠단 말이오."

"그게 가능합니까? 우리 백제의 법은 매우 엄한 줄 압니다만……."

"엄하다마다. 하지만 아무리 법이 엄해도 옥사 안에서는 내가 어라하_{백제 시대 임금을 이르는 말}라네. 이 옥사 안에서 내가 못할 게 없다는 말이다. 하하하."

관리는 자신의 웃음소리에 혹여나 다른 죄수들이 깰까 봐 얼른 입을 다물었어요.

"내일 아침 일찍, 가족을 불러 주시오. 그럼 내가 은을 가져오라 하겠소."

다음 날, 옥사를 지키는 관리가 뇌물을 받는 현장에서 붙잡혀 왔어요. 관리 앞에는 쌀과 옷감, 그리고 은이 담긴 주머니가 있었어요.

"재판을 시작하라."

방령^{백제 시대 지방 행정 조직인 방을 다스리는 으뜸 벼슬}이 말하자 주위가 조용해졌어요.

"너는 쌀과 옷감, 그리고 은을 뇌물로 받다가 붙잡혀 왔다. 네 죄를 인정하느냐?"

"아닙니다, 아닙니다!"

관리는 다급하게 말하며 고개를 가로저었어요.

"증인은 앞으로 나오라."

방령의 말에 한 사내가 나오자 관리가 깜짝 놀랐어요. 어제 도둑질하다가 붙잡혀 온 바로 그 사내였기 때문이에요.

"옥사에 뇌물 받는 관리가 있다는 소문이 파다했다. 그런데 증인과 증거가 없어 고민하던 차에 신입 관리를 죄수로 꾸며 조사토록 한 것이다."

방령이 옥사에 붙잡혀 온 사내, 그러니까 신입 관리를 가리켰어요.

'함정이었구나!'

관리가 그렇게 생각할 때였어요.

"함정이 아니라 위장 수사를 했습니다."

신입 관리가 마치 관리의 생각을 읽고 있는 것처럼 말했어요.

"밤이 되자, 옥사를 지키는 관리가 죄수들에게 몰래 다가가 뇌물을 받으려 흥정했습니다. 저울 눈금을 속인 사람에게는 옥살이를 편히 해 주겠다며 쌀과 옷감을 달라고 했고, 도둑질한 것처럼 꾸민 저에게는 은을 달라고 했습니다. 그러면 다른 사람과 바꿔치기해서 대신 귀양을 보내겠다고 말입니다. 여기 있는 것이 증거이고 제가 바로 증인입니다."

관리는 고개를 푹 숙였어요.

"이번에는 빠져나갈 수 없을 것이다. 증인과 증거가 이리 분명하니!"

"죽을죄를 지었습니다."

"뇌물 받은 관리가 어떤 벌을 받는지는 잘 알고 있을 테지?"

방령의 말에 관리는 자신이 무슨 벌을 받을지 생각난 듯, 놀란 토끼 눈을 하고 그 자리에서 통곡했어요.

백제에는 이런 법이 있었어요

백제의 율령

고구려, 신라와 마찬가지로 백제도 여러 부족이 만든 연맹 국가였어요. 그래서 초기에는 왕의 권력이 약했지요. 백제 고이왕^{?~286, 백제 제8대 왕}은 율령을 확립하여 왕권을 강화하고 체제를 정비하여 나라의 기틀을 다졌어요. 백제는 고구려 동명성왕^{B.C.58~B.C.19, 고구려의 시조}의 아들인 온조왕^{?~28, 백제의 시조}이 세운 나라예요. 그래서 고구려와 비슷한 율령이 많아요. 반역자나 살인자, 전쟁터에서 도망친 군인은 사형에 처하고, 도둑질한 사람은 고구려에서는 도둑질한 물건의 열두 배를 갚게 하고, 백제에서는 도둑질한 물건의 두 배를 갚게 하고 귀양을 보냈어요.

백제에는 독특한 법이 하나 있었어요. 나랏일 하는 관리가 뇌물을 받거나 횡령^{다른 사람 혹은 나라의 물건이나 돈을 불법으로 가지는 것}을 하면 세 배로 물어 주고, 죽을 때까지 감옥에 갇혀 있어야 했지요.

함께 읽는 판결문!

사건

옥사를 지키는 관리가 죄수들에게 뇌물을 받는다는 소문이 나돌았다. 이를 잡기 위해 신입 관리를 죄수로 꾸며 옥사에 들어가 수사하던 중 옥사를 지키는 관리가 쌀과 옷감, 은을 뇌물로 받는 현장에서 붙잡혔다.

판결문

뇌물을 주었다는 증인들의 말과 뇌물로 받은 쌀과 옷감과 은을 종합하면, 관리는 뇌물 받은 것이 인정된다.

이번 사건은 백제의 법체계를 흔드는 중대한 사안이다. 옥사를 지키는 관리는 백제의 엄격한 법을 잘 수행해야 하는 임무를 맡았다. 뇌물을 받고 죄인을 바꿔치기하거나 옥살이를 편히 해 준다면 백성들은 백제의 법을 우습게 여길 것이다. 죄를 지어도 돈이 있어 뇌물을 준 사람이 벌 받지 않는다면, 법의 형평성과 공정성에도 크게 어긋난다. 그렇게 되면 백제의 법은 있으나 마나 한 것이고, 죽은 법에 불과할 것이다.

또 감옥에서 보잘것없는 권세를 휘두르고, 감히 어라하님이라고 빗대어 말한 것은 불경스럽기 짝이 없는 짓이다.

백제의 율령이 정의롭고 공정하다는 것을 보여 주기 위해서라도 엄히 다스려 본을 보일 것이다. 백제의 엄격한 율령에 따라 옥사를 지키던 관리는 받은 뇌물의 세 배를 물어 주고 평생 감옥에 갇혀 있어야 한다.

아하! 그래서 이런 법이 생겼구나!

백제의 신분 제도

1. 어라하와 차차웅은 누구일까?

중국의 역사서인 《주서》 '이역전'에는 백제에 대한 기록이 있어요. 백제에서는 임금을 '어라하'라고 부른다는 내용이에요. '어라'는 크다를 뜻하고 '하'는 고구려와 부여에서 족장을 뜻하는 '가'와 관련이 있다고 추측하고 있어요. 그래서 '어라하'는 '대족장'을 뜻한다고 해요.

신라에서는 임금을 거서간, 차차웅, 이사금, 마립간 등으로 불렀어요. 거서간은 집단의 대표를 가리키는 말이며, 차차웅은 무당을 가리키는 말이라고 해요. 임금을 차차웅이라 한 것은 신라 시대에 하늘의 뜻을 알아서 길흉을 점치는 무당이 매우 중요한 사람이었기 때문이에요. 이사금은 이가 많은 사람을 뜻하며 이가 많으면 나이가 많아 지혜로운 사람이라고 생각한 것에서 유래했다고 해요. 마립간에서 마립은 말뚝을 이르는 말로, 신라에서 중요한 자리인 대장군을 뜻한다고 해요.

나는 어라하다.

나는 차차웅이오.

2. 백제의 6좌평과 16관등

6좌평은 백제의 최고 관등으로서 왕 아래에서 나라의 중요한 일을 도맡아 했어요. 내신좌평은 왕명 출납, 내법좌평은 왕실 의례와 교육, 내두좌평은 재정과 창고 관리, 위사좌평은 군비·전쟁 등 군에 관한 일, 조정좌평은 형벌과 감옥, 병관좌평은 지방의 병사와 군대의 말에 관한 업무를 담당했지요. 그러나 백제 후기에 6좌평은 귀족들의 정치 싸움을 상징하는 자리가 되기도 했어요.

6좌평 아래에는 16관등을 두었어요. 16관등은 자주색, 붉은색, 푸른색 등 옷 색깔과 관복 띠로 구분했어요. 멀리서도 한눈에 관등을 알아볼 수 있도록 하기 위해서지요.

고구려, 신라에 비해 백제는 남아 있는 기록이 많지 않고, 아직까지 많은 부분이 밝혀지지 않은 채로 있어.

첫 번째 사건
아버지를 고발한 아들

두 번째 사건
기울어진 저울
고려의 삼복제

아버지를 고발한 아들

박영규의 어머니는 오랜 지병으로 힘들어 하다 돌아가셨어요. 박영규의 어머니는 자신이 죽으면 화장하여 절에 유골을 맡겨 달라고 유언을 남겼어요. 박영규의 아버지 박민청은 매우 슬퍼하며 부인의 유언에 따라 유골을 절에 모셔두고 아침저녁으로 음식을 올렸지요.

그런데 백일이 지나자, 박영규가 아버지 박민청을 반역죄로 관아에 고발하였어요.

초복(첫 번째 재판)

박민규와 박민청은 고흥현 관아에서 재판을 받게 되었어요.

"자식이 아버지를 고발하다니!"

"반역죄라고 하지 않소! 제아무리 아버지라도 반역죄를 지었다면 고발하는 게 당연하지."

"저분은 우리 고흥현에서도 성품이 훌륭하기로 이름난 분인데, 반역죄라니 말도 안 돼요."

"그러니 사람 속은 모른다지 않습니까?"

재판을 구경하려고 관아에 모여든 사람들이 저마다 한마디씩 했어요.

 고흥현 현감 박영규는 아버지 박민청을 반역죄로 고발하였다. 박민청이 어떤 반역죄를 저질렀는지 말하라.

 박영규 …….

 고흥현 현감 만약 자식이 반역죄가 아닌 다른 죄로 부모를 고발하면 사형에 처한다는 것을 알고 있느냐? 그러니 상세히 고하라.

 박영규 어머니가 돌아가신 뒤, 아버지가 아침저녁으로 제를 지내러 절에 갔습니다. 그 절에서 낯선 사람과 몰래 만나는 것을 보았습니다.

 고흥현 현감 박민청이 낯선 사람을 만나 무슨 말을 주고받았느냐?

 박영규 왕, 바꾼다, 궁궐, 암살 같은 이야기를 들었습니다.

 고흥현 현감 분명하냐?

 박영규 …….

 박민청 아들의 말이 맞습니다. 제가 반역죄를 지었습니다. 그러니 저를 벌하여 주십시오.

 **고흥현 현감** 죄인이 자신의 죄를 스스로 고백하는구나. 반역죄는 사형에 해당하는 중죄이다. 사형에 해당하는 범죄는 반드시 세 번 재판을 받아야 한다. 그러니 도를 다스리는 안찰사 고려 시대 각 도의 으뜸 벼슬에게 두 번째 재판을 받아야 한다.

재복(두 번째 재판)

안찰사가 두 번째 재판을 위한 회의를 열었어요. 안찰사는 고흥현에서 올라온 첫 번째 재판의 내용을 꼼꼼히 읽어 보았어요.

"아들이 아버지를 반역죄로 고발한 사건이로군. 그런데 증거가 하나도 없고, 증인은 아들 한 명뿐이란 말이냐?"

안찰사가 고개를 갸웃거리며 관리들에게 물었어요.

"네, 죄인이 반역죄를 지었다고 순순히 자백했다고 합니다."

관리가 대답했어요.

"증거도 증인도 없다? 이상하지 않느냐? 게다가 반역죄를 지었다고 순순히 자백을 했다고? 너는 어서 고흥현으로 가서 마을 사람들을 만나 박영규와 박민청에 대해 알아 오너라. 그리고 박민청이 낯선 사람을 만났다는 절에 가서 스님도 만나고. 신중하게 재판해야 하니, 꼼꼼히 조사하라. 증인이 있다면 반드시 데려오너라."

얼마 뒤, 두 번째 재판이 열렸어요.

안찰사 박민청은 반역죄를 지었느냐?

 박민청 네.

 안찰사 박영규는 박민청이 낯선 사람과 만나 반역을 꾀하는 것을 직접 들었느냐?

 박영규 네.

 안찰사 너희 둘은 지금 거짓말을 하고 있다. 여봐라, 증인을 데려오너라!

안찰사의 말이 떨어지기 무섭게 사내 한 명과 스님 한 명, 그리고 고흥현에 갔던 관리가 들어왔어요.

 안찰사 너희가 본 것을 상세히 고하라.

 스님 어머니의 유골을 절에 모셔두고 제를 지내는 동안 아들인 박영규는 단 한 번도 절에 나타나지 않았습니다. 그리고 저희 절에서 박민청 나리가 낯선 사람을 만났다는데, 도저히 있을 수 없는 일입니다. 저희 절은 자그마하여 외지인이 들어왔다면 분명 눈에 띄었을 것입니다. 또 박민청 나리는 제를 지내고 곧바로 집으로 돌아갔습니다. 매번 그러했습니다.

 사내 저는 박민청 나리 댁 노비였습니다. 원래는 양민이었는데 길을 가다가 강제로 붙잡혀 억울하게 노비가 되었습니다. 이곳저곳으로 팔려 다니다 마침내 박민청 나리 댁에서 노비로 일하게 되었지요. 그런데 '노비안검법'이 실시되자, 억울한 제 사정을 들으시고 나리가 저를 풀어 주었습니다.

저는 마님이 돌아가신 뒤, 작게나마 은혜를 갚으려고 아침저녁으로 제를 지낼 때 나리를 모시고 절에 갔습니다. 절에서 나리가 낯선 사람을 만났다는 바로 그날, 박영규는 절에 오지도 않았을뿐더러 호수에서 뱃놀이를 했습니다. 절에서 돌아와 집으로 가는 길에 이 두 눈으로 똑똑히 보았습니다. 박민청 나리는 절대 반역죄를 저지를 분이 아닙니다. 제 목숨을 걸고 맹세합니다!

관리 박민청은 성품이 훌륭하기로 소문이 자자했습니다. 가난한 백성들에게 먹을 것을 나눠 주고, 양민 아이들을 모아 글을 가르쳤다고 합니다.

하지만 아들 박민규는 달랐습니다. 평소 말썽을 부려 부모 속을 꽤 썩인 모양입니다. 공부는 뒷전이고 부모 몰래 재산을 빼돌려 노름하고, 술 먹고 부모에게 행패를 부리기 일쑤였다고 합니다. 어머니 상중에 뱃놀이한 것을 본 마을 사람이 여러 명 있습니다. 그 일로 아버지에게 크게 꾸지람을 들었다고 그 집 노비들이 증언했습니다.

박민청 아닙니다. 제 자식은 효자입니다. 제가 반역죄를 지었습니다.

안찰사 무고한 아버지를 반역죄로 고발하다니! 네 죄를 알렸다!

박영규 아버지가 저를 꾸짖자 화를 참지 못하고 반역죄로 고발했습니다. 자, 잘못했습니다……. 돌이키려 했지만, 벌 받는 게 두려워 그럴 수도 없었습니다. 흑흑흑.

 안찰사 잘못은 네 아버지에게 먼저 빌어야 할 것이다. 이제 세 번째 재판이 남았다.

 박민청 아들도 깊이 뉘우치고 있을 것입니다. 부디 용서해 주십시오. 제발…….

삼복(세 번째 재판)

개경^{고려의 도읍지로 오늘날의 개성}에 있는 형부^{고려 시대 법률과 재판에 관한 일을 맡아보던 관청}에서 세 번째 재판이 열렸어요.

 형부 상서 안찰사가 보낸 재판 서류를 받아 살펴보았다. 자식이 아무 죄도 없는 아비를 반역죄로 고발하다니! 있을 수 없는 일이다!

 박민청 자식의 죄는 곧 부모의 죄이옵니다. 자식을 잘못 가르친 저에게도 죄가 있습니다. 차라리 저를 벌하여 주시옵소서. 저에게 사형을 내려주시옵소서.

 형부 상서 네 아버지는 너를 위해 거짓말하고, 너를 대신해서 큰 벌을 받겠다고 하는데도 할 말이 없느냐?

 박영규 …….

 형부 상서 앞선 두 번의 재판으로 박영규의 죄가 낱낱이 드러났다. 거듭 조사하여 재판하였으니, 박영규는 억울하지 않을 것이며 원통하지도 않을 것이다. 신중하게 세 번 재판하였으니 임금께 아뢰어 판결하겠노라.

고려에는 이런 법이 있었어요

고려의 삼복제

고려 문종1019~1083, 고려 제11대 왕은 "사람의 목숨은 귀중한 것이며 죽은 사람은 다시 살아날 수 없다."며 사형당하는 사람이 억울하지 않게 세 번 거듭 조사하여 신중하게 처리하라고 명령했어요.
이 기록으로 보아 고려 시대에는 사형에 해당하는 죄를 지은 사람이 혹여나 억울한 누명을 쓰고 호소할 방법이 없어 원통한 일이 생기지 않도록 세 번 조사하여 재판하였다는 것을 알 수 있어요.
일반적인 범죄는 한 번 재판하였지만, 사형에 해당하는 범죄는 반드시 세 번 재판하도록 했어요. 이를 '삼복제'라 해요. 첫 번째 재판을 초복, 두 번째 재판을 재복, 세 번째 재판을 삼복이라 해요.

함께 읽는 판결문!

사건

박민청은 아내가 죽은 뒤, 화장하여 유골을 절에 모시고 아침저녁으로 음식을 올리고 제를 지냈다. 그런데 백일이 지나자 아들 박영규가 아버지 박민청을 반역죄로 관아에 고발하였다.

판결문

노비에서 양민이 된 사내와 스님, 고흥현 사람들의 증언 등을 종합하여 볼 때, 박민청이 반역죄를 저질렀다는 것이 인정되지 않는다.

오히려 아들 박영규가 거짓을 꾸며 죄가 없는 아버지를 반역죄로 고발한 것이 드러났다. 박영규는 어머니가 돌아가셨는데도 절에서 지내는 제에 참석하지 않고 뱃놀이를 하였다. 평소 박영규의 행실을 보건대, 불효했음이 분명하다. 우리 고려에서는 불효는 대역죄에 버금가는 중죄로 다스린다. 아버지가 자신을 꾸짖는다고 화가 나서 아버지를 반역죄로 고발하는 것은 있을 수 없는 일이다.

《고려율》에 따라 죄인 박영규에게 어머니의 제에 한 번도 참석하지 않은 불효죄, 어머니의 상중에 놀이를 한 죄, 죄 없는 부모를 반역죄로 고발한 죄를 물어 사형에 처하노라.

아하! 그래서 이런 법이 생겼구나!

고려의 법

1. 고려율

중국의 법전인 《당률》과 《송형통》을 참고하여 고려의 실정에 맞는 새로운 법인 《고려율》을 만들었어요. 고려율은 모두 71조로 되어 있는데, 안타깝게도 정확한 내용은 전해지지 않아요.

고려 시대에는 불효를 대역죄에 버금가는 중죄로 다스렸어요. 부모가 돌아가셨을 때 놀이를 즐기면 강제 노역을 시키는 도형에 처했고, 반역죄를 제외하고 다른 죄로 부모를 고발하면 사형에 처했어요. 그러나 죄인도 부모에게 효를 다하도록 했어요. 늙은 부모를 봉양할 가족이 없으면 처벌을 미뤄 주고, 부모가 돌아가셨을 때는 휴가를 주어 장례를 치르게 했어요.

2. 노비안검법

고려 광종925~975, 고려 제4대 왕은 억울하게 노비가 된 사람을 풀어 주라는 '노비안검법'을 만들었어요. 이전에는 양민들을 강제로 잡아다가 자신의 노비로 삼는 호족들이 많았어요. 노비는 재산일 뿐 아니라 전쟁이 나면 무기를 들고 나가 싸우는 군사이기도 했어요. 그래서 노비가 많을수록 호족의 세력도 커졌지요.

'노비안검법'은 억울하게 노비가 된 양민을 풀어 주어 잘못을 바로잡는다는 목적도 있었지만, 호족들이 소유한 노비의 수를 줄여 호족의 세력을 약하게 하는 효과를 낳기도 했어요.

기울어진 저울

"이것 좀 보게. 내가 벽란도까지 가서 송나라 상인한테 사 온 거라네."

향리 김서진이 새 저울을 내보이며 자랑했어요.

대에 눈금이 촘촘히 새겨져 있고 고깔을 잘라놓은 듯한 저울추가 매달려 있는 대저울이었어요. 저울추는 가벼운 것부터 무거운 것까지 모두 7개가 있었고, 쇳덩이로 만든 저울추에는 글자가 새겨져 있었어요.

"이 글자는 뭔가?"

다른 향리가 물었어요.

"보고도 모르는가? 공평公平이라고 새겨져 있지 않은가? 한쪽으로 치우치지 않고 고르게 평평하다는 뜻이지. 이 저울로 공평하게 무게를 재어 세금을 거둬들일 걸세."

"지금 쓰는 저울도 좋은데, 저울을 바꿀 참인가? 호장향리 가운데 우두머리 어른한테 허락을 받아야 할 텐데……."

"걱정 말게. 이미 허락을 받았네."

김서진이 사는 고장에서는 인삼이 많이 나요. 그래서 농민들은 지방 특산물인 인삼을 공납(지방 특산물을 나라에 세금으로 바치는 것)으로 냈어요. 그런데 세금을 거둬들이는 향리들이 인삼 무게를 잴 때마다 실랑이가 벌어졌어요. 바로 저울 눈금 때문이지요. 인삼 농사를 짓는 농민들은 관청에서 재는 무게가 더 적게 나간다고 하고, 향리들은 저울 눈금이 정확하다고 했어요.

"이제 공납을 받을 때, 이 저울로 무게를 재면 되네. 더 정확하고 더 빠르게!"

김서진이 미소를 지었어요.

그런데 어찌 된 일인지 김서진이 가져온 새 저울로 인삼 무게를 잰 뒤로 농민들의 불만이 더 높아졌어요.

"이상하단 말이야. 집에서 잴 때는 분명 세 근이 넘었는데, 여기서 재면 양이 확 줄어든다니까."

"자네도 그런가? 나도 그렇다네. 저울을 바꾼 뒤로 더 그런 것 같아."

"공납 때문에 허리가 휘는데, 향리 놈들이 저울 눈금마저 속이는구나."

농민들이 한숨을 지었어요. 하지만 인삼 무게를 재는 향리 김서진 앞에서는 아무 말도 못 했어요.

김서진의 집안은 대대로 이 고장에서 향리 일을 맡아 했어요. 김서진의 아버지도, 할아버지도 향리를 지냈지요. 여태까지 김서진의 집안이 나라에서 받은 땅과 경작한 땅을 합하면 이 고장 땅의 사분의 일이 넘는다는 소문이 있을 정도예요. 농민들은 김서진의 땅을 빌려 농사를 지었어요. 그러니 김서진에게 잘못 보이면 빌린 땅을 빼앗길 수 있다고 생각해 입을 꼭 다물고 말았어요.

김서진도 농민들의 불만을 의식한 듯 저울을 내보이며 일부러 큰 소리로 말했어요.

"고리에 아무것도 얹지 않았을 때, 저울추가 움직이지 않고 그대로 있지 않은가. 평평하게! 그러니 저울에는 아무 문제가 없다. 인삼을 가지고 이곳으로 오는 동안 인삼에 있던 물기가 말라 무게가 줄어든 게다."

그러던 어느 날, 한 아이가 호장을 찾아왔어요.

"어린아이가 무슨 일로 나를 찾아왔느냐?"

"관청에 있는 저울을 고발하러 왔습니다."

"저울을 고발한다고? 이 무슨 해괴망측한 말이냐?"

"제 부모님은 인삼 농사를 짓습니다. 해마다 공납으로 인삼을 바치는데, 올해는 다른 해보다 두 배나 많은 양을 바쳐야 한다고 걱정하고 있습니다. 저희 마을에 있는 저울로 무게를 잴 때는 두 근이 가득하였는데, 관청에서 무게를 재니 한 근 반이 못 된다고 했습니다. 하는 수 없이 인삼을 더 갖다 바쳐야 했고요. 안 그래도 공납 때문에 부모님 걱정이 이만저만이 아닌데, 아들 된 도리로서 그냥 있을 수 없어 저울을 고발하러 왔습니다."

호장은 부모를 걱정하는 아이가 기특했어요. 그러나 관청에서 쓰는 저울에는 문제가 없을 거라고 말했지요. 그랬더니 아이가 저울을 한 번만 보게 해 달라고 간청했어요.

"만약 저울에 문제가 없다면 너를 엄히 다스리겠다. 관청에서 하는 일을 의심한 자는 벌을 받아야 한다."

"네, 어떤 벌이라도 달게 받겠습니다. 하지만 저울의 문제를 찾아낸다면 저에게 상을 내려 주십시오."

당돌한 아이의 말에 호장은 그러겠다며 호탕하게 웃었어요.

호장의 명을 받은 향리가 관청에 있는 대저울 3개와 저울추 21개를 가지고 왔어요. 그 가운데는 김서진이 송나라 상인한테 샀다는 저울도 있었지요. 아이는 대에 촘촘히 새겨진 눈금의 간격을 살펴보고, 저울추를 손으로 하나하나 들어 신중하게 비교해 보았어요.

"여기 글자가 새겨진 저울추가 모두 이상합니다. 같은 무게를 재는 추인데, 글자가 없는 다른 저울추보다 무게가 더 나갑니다."

아이가 '공평'이라는 글자가 새겨진 저울추를 들어 보이자 김서진이 화들짝 놀랐어요.

"그 저울추에는 아무 문제가 없다!"

김서진의 얼굴이 붉으락푸르락 달아올랐어요. 아이는 고개를 갸웃거리며 양손에 들고 있던 저울추를 비교해 보았어요.

"같은 근수를 재는 다른 저울추와 직접 무게를 달아 비교하게 해 주십시오."

"호장 어른, 어린아이가 말도 안 되는 짓거리를 하는데 그냥 보고만 있을 겁니까?"

당황한 김서진이 호장에게 말했어요.

"아이의 말대로 하라!"

호장도 인삼 무게 때문에 농민들의 불만이 높은 걸 아는지라 우선은 아이의 편을 들어 주었어요.

그런데!

같은 근수를 재는 두 개의 저울추를 저울에 달았더니 '공평'이란 글자가 쓰여 있는 저울추가 한쪽으로 기울었어요. 나머지 저울추도 똑같았고요.

"글자가 새겨진 저울추가 원래 무게보다 더 무겁습니다. 그러니 평형을 맞추려면 더 많은 인삼이 필요하겠지요?"

아이의 말에 관청에 있던 어른들이 모두 고개를 끄덕였어요.

"그렇다면 인삼을 더 많이 받았다는 말인데, 공납으로 바친 인삼의 양은 변하지 않았다. 나머지 인삼은 어디 있느냐? 여봐라, 어서 가서 향리 김서진의 집을 샅샅이 수색하라!"

다른 향리들이 김서진의 집에서 몰래 빼돌린 인삼을 찾아왔어요. 그리고 '공평'이란 글자가 쓰인 저울추도 여러 개 가져왔어요.

"네가 이런 짓을 하고도 이 고장에서 대대로 향리를 지낸 집안이라고 얼굴을 들고 다닐 수 있느냐? 욕심이 하늘을 찌르는구나!"

호장이 호통을 쳤어요.

향리 김서진은 어떤 벌을 받았을까요? 또 아이는 어떤 상을 받았을까요?

고려에는 이런 법이 있었어요

고려 시대에는 사사로이 저울을 만들어 시장에 가지고 다니면서
무게를 줄이는 사람은 장사를 못 하게 하는 금령을 내렸고, 저울이나 자 등을 써서
관청의 물건을 내어주거나 받을 때 공평하지 않게 하는 사람은 벌을 받았어요.
1척을 속일 때마다 장형큰 몽둥이로 볼기를 치는 형벌 60대, 1필을 속일 때는
장형 70대를 치는 형벌을 내렸다고 해요.

함께 읽는 판결문!

• 사 건

향리 김서진이 송나라 상인한테 사 온 저울로 인삼 무게를 잰 뒤부터 농민의 불만이 점점 커졌다. 부모가 지난해보다 더 많은 양의 인삼을 공납으로 내게 되었다며 걱정하자, 한 아이가 관청에서 쓰는 저울에 문제가 있다며 저울을 고발하였다.

• 판결문

저울을 바꾼 뒤로 더 많은 양의 인삼을 공납으로 내게 되었다는 농민들의 말과 무게가 더 나가는 저울추를 종합하면, 관청에서 쓰는 저울에 문제가 있다는 사실이 인정된다.

문제가 있는 저울은 향리 김서진이 송나라 상인한테서 사 왔다는 저울이다. 김서진의 집에서 나온 잘못된 저울추와 인삼으로 보아, 김서진은 저울추의 무게를 조작하여 공납으로 받는 인삼의 양을 늘리고 사사로이 빼돌린 것이 인정된다.

향리는 자기가 사는 고장의 일을 맡아 하는 관리이다. 저수지를 만들거나 홍수를 막기 위해 흙으로 둑을 쌓거나 전쟁이 났을 때도 앞장서서 고장 사람들을 이끌어야 한다. 그러나 향리 김서진은 고장 사람들을 위하기는커녕 거짓말과 잘못된 행동으로 농민들이 관리와 관청을 믿지 못하게 만들었다.

나라의 세금을 받는 관리가 저울추 무게를 조작하고, 공납으로 받은 인삼을 빼돌렸으므로 인삼 1근당 장형 60대의 형벌에 처하노라.

아하! 그래서 이런 법이 생겼구나!

고려 시대의 법과 신분

1. 고려 시대 세금

고려 시대 백성들은 '전세'와 '공납'을 세금으로 내야 했고, '역'이라는 의무를 져야 했어요.

'전세'는 논과 밭에 부과되는 세금으로, 농사지은 것의 10분의 1을 세금으로 냈어요. '공납'은 지역의 특산물을 세금으로 내는 거예요.

'역'은 나라에서 백성들의 노동력을 강제로 부리는 것을 말해요. 16세에서 60세 남자는 나라에서 시키는 일을 해야 했어요. 성을 쌓거나 궁궐을 짓거나 도로를 닦을 때 백성들은 일꾼으로 나가 일해야 했지요. 물론 돈은 한 푼도 받지 못했고, 전쟁이 나면 군인이 되어 전쟁터에 나가 싸워야 했어요.

2. 향소부곡

고려 시대 지방에는 향, 소, 부곡이라는 곳이 있었어요. 이곳에 사는 사람들은 마음대로 이사 다닐 수 없고, 양민들보다 세금을 더 많이 내야 했어요. '향'과 '부곡'에 사는 사람들은 자신의 땅뿐만 아니라 왕실이나 절의 땅에서 농사지어야 했어요. '소'에 사는 사람들은 자신의 고장에서 나는 특산물을 바쳐야 했어요. 가령, 인삼이 많이 나는 고장에서는 인삼을, 소금이 많이 나는 서해안 지역에서는 소금을 내야 했어요. 이밖에도 쌀, 금, 은, 옷감, 철, 소가죽 등을 나라에 바쳐야 했어요.

3. 고려의 향리

향리는 지방의 관리라는 뜻이에요. 이들은 지방에 살면서 대대로 향리가 되어 자기 고장의 일을 맡아 했어요. 향리 가운데 지위가 가장 높은 '호장'이 있고, 그 아래에 '부호장'이 있었어요.

고려에는 수많은 주현과 속현이 있었는데, 중앙에서 관리를 내려보낼 수 없을 때는 향리가 자기 지방의 일을 맡아 보았어요. 향리는 세금을 거두어들이는 일뿐만 아니라 지역의 농사와 관계된 수로 사업에 앞장서고, 전쟁이 났을 때도 고장 사람들을 모아 전쟁터에 나가는 등의 일을 했어요.

첫 번째 사건
조선 선비, 과거 시험 부정 사건

두 번째 사건
진짜 땅 주인은 누구일까?

조선의 경국대전

조선 선비, 과거 시험 부정 사건

"바른대로 말하라! 누가 베낀 것이냐!"

한성부 마당에 쩌렁쩌렁한 목소리가 울려 퍼졌어요. 마당 한가운데는 두 선비가 나란히 머리를 조아리고 있었고요.

"감히 나라의 관리를 뽑는 과거 시험에서 부정행위를 한단 말이냐? 임금께서 엄히 다스리라고 명하셨다. 그래서 이곳에서 부정행위를 한 자를 가려내려는 것이다!"

원래 과거 시험은 3년에 한 번 치러져요. 그런데 이번 시험은 임금님의 뒤를 이을 왕세자 책봉을 기념하기 위해 임시로 치러진 별시였어요. 전국 곳곳에서 수백 명의 선비가 과거 시험을 보러 몰려들었어요.

그동안 과거 시험에 부정행위가 많았어요. 시험장에 책을 가지고 들어가거나 다른 사람이 대신 시험을 치르기도 하고, 미리 문제를 알려 주거나 답안지에 몰래 표시를 해서 채점관이 그 답안지를 뽑도록 하는 등 다양한 방법을 썼어요. 임금님은 이번 시험에서 부정행위를 하는 사람이 없도록 시험관을 더 많이 배치하고 채점관들도 단단히 교육하라고 명령했어요. 그런데 한 채점관이 부정행위를 한 답안지를 발견한 거예요. 그래서 경상도에서 온 김 선비와 경기도에서 온 박 선비를 황급히 잡아들인 거지요.

"어찌하여 두 답안지가 글자 한 자 다르지 않고 똑같단 말인가. 사는 곳도 다르고 생긴 것도 다른 두 사람이 이렇게까지 생각이 같을 수 있단 말이냐? 누군가 답안지를 보여 주었거나 둘 중 한 사람이 다른 사람의 답안지를 베꼈다는 것 말고는 설명할 수 없다!"

한성부 판관의 목소리가 높아졌어요.

"저는 보여 주지도 않았고, 다른 사람의 답안지를 베끼지도 않았습니다. 제 생각을 썼을 뿐입니다."

박 선비가 분명한 목소리로 대답했어요.

"저도 마찬가지입니다. 베끼지 않았습니다."

김 선비가 억울하다는 표정을 지었어요.

"여봐라, 시험관을 불러오너라."

곧이어 시험관들이 불려 나왔어요. 시험관은 과거 시험장에서 부정행위가 없도록 감시하는 일을 하였어요. 판관이 혹시 두 선비가 서로 답안지를 보여 주거나 베끼는 것을 보지 않았느냐고 물었지만, 모두 고개만 가로저을 뿐이었어요.

"시험관들은 이 재판이 끝나는 대로 시험 감독을 제대로 하지 못한 죄를 따로 물을 것이니, 물러가 있거라!"

한성부 판관과 관리들은 어떻게 답안지를 베낀 사람을 가려낼 수 있을지 머리를 맞대고 의논하였어요. 한참 만에 판관이 목청을 가다듬고 입을 열었어요.

"이번 과거 시험의 문제가 '법의 폐단을 고치는 방법을 논하라.'이다. 그렇다면 조선을 다스리는 기준이 되는 법은 무엇이냐?"

"《경국대전》이옵니다."

두 선비가 한목소리로 대답했어요.

"맞다. 《경국대전》에는 '삼복제'라는 것이 있다. 삼복제를 하는 까닭을 말해 보거라."

판관이 두 선비의 표정 변화를 살피며 계속 물었어요.

"형벌로 백성을 다스리기보다는 덕(德)으로 나라를 다스려야 합니다. 하지만 죄를 지으면 벌을 받아야 하지요. 그래야 나라가 평화롭고 질서가 유지됩니다. 살인과 같은 중대한 죄를 저지른 사람은 세 번에 걸쳐 재판을 받도록 합니다. 이는 재판 과정에서 혹여나 있을지도 모를 실수로, 죄 없는 사람에게 사형을 내리지 않기 위해 신중하게 조사하기 위해서입니다."

박 선비가 카랑카랑한 목소리로 대답했어요.

"저, 저도 같은 생각입니다. 세 번 재판을 받도록 하는 것입니다. 그, 그래야, 실수가 없습니다. 잘못된 재판으로 안타까운 생명을 앗아가지 않도록 말입니다."

긴장한 김 선비가 더듬더듬 말했어요.

"한 가지 더 묻겠다. 그렇다면 '법의 폐단을 바로잡는……'."

판관의 질문이 채 끝나기도 전에 박 선비가 입을 떼려고 했어요.

"잠깐! 이번에는 김 선비가 먼저 대답해 보아라."

판관이 박 선비를 가로막고 김 선비를 지목했어요.

"음, 그러니까 법을 만들면, 그 법으로 인해 해로운 현상이 생길 수 있습니다. 그 폐단을, 폐단은, 폐단이…… 생기면 당연히 막아야 하는데……."

"그래서 어떻게 폐단을 막아야 한다는 말이냐?"

판관이 호통치자 김 선비가 오들오들 떨기 시작했어요.

"어서 답하라! 네가 답안지에 쓴 것을 말하면 되지 않느냐?"

판관이 거듭 다그치자 김 선비는 두 눈을 질끈 감고 정신없이 말을 내뱉었어요.

"법을 한 번이라도 어기면 아주 엄하게 벌 주면 됩니다. 그러면 아무도 법을 어기지 않을 것입니다. 폐단은 자연스럽게 사라질 것입니다."

김 선비는 자신이 무슨 말을 하는지 모르는 듯했어요. 대답을 들은 판관이 눈썹을 찡그리며 답안지 한 장을 내밀었어요.

"이 답안지를 김 선비에게 주어라."

관리 한 명이 재빨리 답안지를 받아 김 선비에게 가져다주었어요.

"네 대답은 그 답안지에 적힌 내용과 다르구나. 네 생각과 다른 답을 내었느냐? 아니면 갑자기 생각이 바뀌었느냐? 또 아까는 분명, 실수가 없도록 '세 번' 재판해야 한다고 하지 않았느냐?"

그제야 김 선비는 자신이 한 말이 앞뒤가 맞지 않는다는 것을 알아차렸어요. 김 선비는 두려움에 덜덜 떨었어요.

"고신^{고문}을 해야 입을 열겠느냐? 여봐라, 이자가 입을 열 때까지 고신하라!"

고신한다는 말에 김 선비는 심장이 털썩 내려앉는 것 같았어요. 더는 발뺌을 할 수 없다고 생각했지요.

"주, 죽을죄를 지었습니다. 오랫동안 과거에 급제하지 못하고 공부만 하느라 집안과 살림이 기울었습니다. 이번에도 낙방하면 다시는 과거를 보지 못할 것 같아 그만 큰 잘못을 저질렀습니다. 옆에서 시험을 치르던 박 선비가 거침없이 답안을 써 나가기에 생각할 겨를도 없이 그냥 베껴 썼나이다. 잘못했습니다. 흑흑흑."

김 선비는 눈물을 흘리며 바닥에 납작 엎드려 목 놓아 외쳤어요. 옆에 있던 박 선비는 안타까운 눈빛으로 김 선비를 바라보았어요.

조선에는 이런 법이 있었어요

경국대전

《경국대전》은 나라를 다스리는 큰 법전이라는 뜻이에요.
조선 초기부터 조선에 맞는 새로운 법전을 만들었어요.
그러나 이 법전들은 나라를 다스리는 데 필요한 모든 것이 들어 있지 않고,
간혹 앞뒤 내용이 다르기도 했어요. 이에 세조[1417~1468, 조선 제7대 왕]가 통일되고
종합적인 법전을 만들라고 명령하였어요.
30년 뒤 성종[1457~1494, 조선 제9대 왕] 때 비로소 《경국대전》을 완성하여 펴냈지요.
《경국대전》에는 조선의 통치 이념인 성리학을 바탕으로, 나라를 다스리는 데
필요한 내용이 담겨 있어요. 재판과 형벌, 군사 제도, 과거 제도, 도로 건설,
혼인과 제사 등 사회의 모든 분야에 대해 정해 놓았어요.
또 영의정, 좌의정, 우의정 삼정승이 나랏일을 의논하는 의정부, 죄인을 다스리는
의금부, 관리의 비리를 감시하는 사헌부, 임금과 관리의 잘못을 비판하고
지적하는 사간원을 둔다는 등 조선의 통치 제도도 상세하게 정해 놓았어요.

함께 읽는 판결문!

사건

왕세자 책봉을 기념하기 위해 치른 과거 시험에서 내용이 똑같은 답안지가 두 장 나왔다. 이에 한성부에서는 똑같은 답안지를 낸 박 선비와 김 선비를 잡아들였다. 과거 시험장에서 부정행위가 있었는데도 이를 발견하지 못한 시험관들도 함께 붙잡혀 왔다.

판결문

김 선비는 조선의 법을 잘 모르고, '법의 폐단을 바로잡는 방법'에 대해 자신이 써낸 답안지와 다른 이야기를 했으며, 자신이 부정행위를 했다고 자백하였다. 이를 종합하여 볼 때, 김 선비가 박 선비의 답안지를 베껴 쓴 사실이 인정된다.

김 선비가 자신의 잘못을 뉘우치고 있으나, 과거 시험에서 부정행위를 하는 것은 나라의 질서를 어지럽히는 큰 죄이다. 더군다나 나랏일을 하는 관리가 되려는 사람이 부정한 짓을 하는 것은 용서할 수 없다. 김 선비가 부정행위로 관리가 되고, 대신 다른 뛰어난 인재가 뽑히지 못한다면 이는 나라에 손해요, 백성에게도 큰 손해이다.

따라서 과거 시험에서 부정행위를 한 김 선비에게는 《경국대전》에 따라 곤장 100대와 기와 굽기를 하는 도형에 처하노라.

시험관들은 시험 관리를 철저히 해야 하는 막중한 임무를 맡았음에도 제대로 하지 않아 이 같은 일이 벌어졌다. 수많은 사람을 감독하는 것은 쉬운 일이 아니다. 하지만 임금님이 특별히 시험관을 더 많이 두었고 부정행위가 일어나지 않도록 철저히 살피라 일렀건만, 맡은 일을 제대로 하지 못했다. 이에 시험관들을 경상도 섬으로 유배 보내는 유배형에 처하노라.

아하! 그래서 이런 법이 생겼구나!

조선의 법

1. 조선 시대의 재판

조선 시대에는 억울한 일이 있으면 관아에 가서 옳고 그름을 따지고, 도둑질이나 살인 등 죄를 지으면 관아에 잡혀가서 재판을 받았어요.

조선 시대 재판은 지방과 한양으로 나누어 살펴볼 수 있어요. 먼저 지방에서는 고을의 우두머리인 현감이나 목사, 각 도의 우두머리인 관찰사가 재판관이 되었어요. 한양에는 재판하는 기관이 여럿 있었어요. 형조는 법률과 소송·형벌에 관한 재판을, 장예원은 노비 관련 문서에 관한 재판을, 사헌부는 풍속을 해치는 재판을, 의금부에서는 높은 관리가 죄를 짓거나 반역에 관한 범죄를 재판했어요.

조선 시대에도 고려 시대와 마찬가지로 세 번 재판하는 '삼복제'가 있었어요. 삼복은 '세 번 꼼꼼히 따져 검토한다.'는 뜻으로, 사형에 해당하는 죄를 지은 사람이 억울하지 않도록 세 번 재판하는 것이에요.

2. 조선 시대의 과거 시험

　과거 시험은 3년에 한 번 열리는 '식년시'와 왕자가 태어나거나 왕세손 책봉, 왕실 어른의 환갑잔치 등 나라에 경사가 있을 때 열리는 '별시'가 있어요. 문관을 뽑는 문과와 무관을 뽑는 무과, 그리고 의학·천문학·통역과 같은 기술관을 뽑는 잡과가 있어요.

　문과는 《논어》《맹자》《중용》《시경》 등 유교 경전을 읽고 해석하는 생원시와 문예 창작을 시험하는 진사시라는 소과 시험을 치러야 했어요. 두 번에 걸쳐 시험을 봐서 생원시와 진사시에 합격한 사람은 성균관에 입학하여 공부할 수 있었어요. 이후 대과 시험을 치르는데, 대과에 합격해야만 비로소 관리가 될 수 있어요. 무과는 무예와 병서_{군사 지휘와 전쟁법에 대해 쓴 책}를 시험 보았어요.

3. 과거 시험에서 부정행위가 드러나면?

　조선은 과거 시험을 통해 우수한 인재를 뽑아 나라를 위해 일하도록 하였어요. 과거에 급제하여 벼슬길에 나가게 되면 가문의 영광이고, 많은 재산을 모을 수 있는 기회이기도 하였어요.

　과거가 중요한 만큼 나라에서는 과거 시험도 엄격하게 관리했어요. 시험장에 들어가는 사람들의 옷과 물건을 검사하고, 서로 베껴 쓰지 못하도록 한 길_{2.4~3미터} 떨어져 앉아 시험을 보게 하였어요. 또 시험관과 채점관이 응시자의 이름을 알아보지 못하도록 이름 쓴 곳을 봉하거나, 글씨체를 알아보지 못하도록 시험관이 다시 베껴 써서 채점하기도 하였어요. 하지만 부정행위 또한 끊이지 않았어요.

　과거 시험에서 부정행위를 한 사람에게는 곤장 100대를 치고, 3년 동안 힘든 노동을 시키는 도형과 평생토록 벼슬길에 나오지 못하도록 강력하게 처벌했어요.

진짜 땅 주인은 누구일까?

이른 아침, 김 씨가 한 손에 소지^{관아에 재판이나 도움을 청할 때 내던 문서}를 들고 관아로 들어섰어요.

"여기 소지를 가져 왔습니다. 어서 재판을 받게 해 주십시오."

김 씨가 관아 마당에 있던 형방에게 소지를 내밀었어요.

"음, 이름과 사는 곳, 재판받는 이유를 빠짐없이 적었군. 그런데 재판을 받으려면 여기 적힌 안 씨를 데리고 와야 하네."

"지난번엔 농번기라 재판을 할 수 없다 하고, 그다음엔 '소지'를 써 오라고 하더니, 이번엔 안 씨를 데려오라 합니까?"

"재판을 받겠다며 소송을 낸 사람인 '원고'가 소송을 당한 피고인 '척'을 데려와야 하네."

김 씨는 멍하니 형방을 바라보았어요.

"안 씨를 몇 번이나 찾아갔는데, 재판을 받을 수 없다며 요리조리 저를 피하는 걸 어떻게 합니까?"

이렇게 하소연하다가 김 씨는 정신을 가다듬고는 형방에게 다짐을 받아 냈어요.

"안 씨를 데려오면 꼭 재판받게 해 주시는 거죠?"

"그러겠네. 그리고 그 땅이 자네 땅이라는 땅문서와 증거도 더 가져오게. 나와 형리도 증거를 모으고 조사하겠네."

며칠 뒤, 관아에서 땅 주인을 가리는 재판이 열렸어요. 원고인 김 씨와 척인 안 씨가 군수 앞에 나란히 머리를 조아리고 앉아 있었어요. 그 옆에는 형방과 형리 등 관리들이 서 있었고요.

"마을 당산나무_{마을 수호신으로 모셔 제사를 지내는 나무} 옆 논을 두고 두 사람이 서로 땅 주인이라고 주장하고 있습니다. 김 씨와 안 씨가 각각 땅문서를 가지고 왔습니다."

형방이 두 사람에게서 받은 땅문서를 군수에게 주었어요.

재판을 신청한 김 씨가 먼저 말했어요.

"그 땅은 저희 아버지가 30년 전에 서 씨한테 샀다고 들었습니다. 아버지가 돌아가시고 제가 농사를 짓고 있습니다. 당산나무가 지켜 준 탓인지 농사가 잘되어 해마다 많은 곡식을 거둬들이고 있습니다. 그래서 마을 사람들 모두 부러워하지요. 그런데 갑자기 안 씨가 땅문서를 들고 나타나 자기 땅이라며 빼앗으려고 합니다. 제 땅을 빼앗기지 않게 도와주십시오, 군수 나리."

김 씨가 간절한 목소리로 애원하자, 양손을 앞으로 가지런히 모으고 있던 안 씨가 김 씨를 노려보았어요.

"그 땅은 조상 대대로 내려온 저희 땅입니다. 저는 땅 주인인지도 모르고 있었는데, 얼마 전 돌아가신 아버지의 유품을 정리하다가 30년 전에 서 씨에게 그 땅을 샀다는 땅문서를 발견했습니다."

"어디서 말도 안 되는 거짓말을 하는 거요!"

김씨가 안씨를 향해 소리를 질렀어요.

"억울한 건 오히려 접니다. 그동안 김 씨는 우리 안 씨의 땅을 자기 땅인 양, 농사지어 쌀을 거둬들였으니까요. 그래도 같은 마을 사람이라 재판을 하지 않고 그냥 땅만 돌려달라고 했습니다. 그런데 적반하장이라고, 땅 도둑이 땅 주인 행세를 하며 재판을 하겠다고 관아에 소지를 내다니요!"

안 씨가 목소리를 드높였어요.

군수는 두 사람에게 받은 땅문서를 꼼꼼히 살펴보며 형방과 이야기를 나누었어요.

두 사람의 땅문서에는 그동안 누가 누구에게 땅을 팔았는지 모두 적혀 있었어요. 자손에게 땅을 나눠 준 기록과 땅을 판 사람의 수결_{이름 아래 도장 대신 직접 글자를 쓰는 것}도 있었지요. 그런데 김 씨가 가져온 땅문서는 한 장이 불에 그을었어요. 바로 30년 전에 서 씨에게서 땅을 샀다는 부분이에요.

"땅문서가 똑같구나. 단 한 군데만 빼고! 김 씨의 땅문서에는 서 씨에게서 언제 땅을 샀는지 정확하지 않다. 1757년이냐? 1759년이냐? 불에 그을

었구나."

"1757년입니다. 자세히 보시면 맨 마지막 글자가 칠(七) 자입니다. 아버지는 1757년에 땅을 샀다고 했습니다. 분명히 들었습니다. 목숨과도 같은 땅문서이온데 집에 불이 나서 그만…… 다행히 불구덩이 속에서 얼른 꺼내와 한 쪽만 조금 탔습니다. 지전종이 파는 가게에 가서 그은 부분을 종이로 덧대었습니다."

반면, 안 씨가 가져온 땅문서는 1759년에 안 씨의 아버지가 서 씨에게서 땅을 샀다고 명확하게 적혀 있었어요.

"이 땅을 팔았다는 서 씨를 데려오너라!"

군수가 형방에게 명령했어요.

"서 씨는 마을에 역병이 돌 때, 이웃 고을로 이사를 갔다고 합니다. 그리

고 그 역병으로 마을 사람들이 많이 죽었습니다. 그래서 땅 주인이 누구인지 증언할 사람도 없다고 합니다."

형방이 그동안 조사한 것을 말하자, 군수는 난감한 표정을 지었어요.

김 씨와 안 씨의 재판은 달포(한 달이 조금 넘는 기간)가 지나도록 계속되었어요.

"난감한 사건이로군. 불에 그은 땅문서 주인은 1757년에 땅을 샀다고 하고 말짱한 땅문서에는 1759년에 땅을 샀다고 되어 있고, 증인으로 나설 사람도 없고……."

군수의 방에는 밤마다 늦게까지 불이 켜져 있었어요.

그러다가 군수는 형방에게 지전 주인을 조사하라 이르고, 형리 한 명을 이웃 고을에 보냈어요. 이웃 고을로 이사 간 서 씨에게 언제, 누구에게 땅을 팔았는지 조사하기 위해서였어요. 한참 뒤, 형리가 이웃 고을 군수가 보낸 편지 한 통을 들고 돌아왔어요.

"드디어 어떤 것이 가짜 땅문서인지 밝혀졌군."

다음 날, 군수는 김 씨와 안 씨를 불러들였어요.

"안 씨의 땅문서는 가짜다! 너는 거짓말을 하고 있다!"

"말도 안 됩니다. 저는 거짓말을 하지 않았습니다."

"돌아가신 네 아버지의 무덤 앞에서도 같은 말을 할 수 있느냐?"

"……."

안 씨가 머뭇거리는 때를 놓치지 않고 군수가 말했어요.

"이웃 고을 군수가 서 씨의 호적 대장조선 시대 가족 사항을 적은 문서을 베껴 보내 왔다. 서 씨는 한창 역병이 돌던 무렵인 1758년에 이웃 고을로 이사를 가자마자 죽었다. 그러니 1759년에 서 씨에게서 땅을 샀다는 이 문서가 가짜다. 죽은 사람이 땅을 팔 리도 없을뿐더러 죽은 사람이 수결을 할 수 없기 때문이다! 그리고 안 씨의 땅문서가 가짜라는 걸 증언해 줄 증인도 있다!"

곧이어 지전 주인이 끌려 나왔어요.

"너는 네가 지은 죄를 상세히 고하라."

"김 씨가 불에 그은 땅문서를 가지고 지전에 온 날, 안 씨가 우연히 지전에 들렀습니다. 김 씨의 땅문서를 보고는 저한테 땅문서를 위조해 달라고 부탁했습니다. 그래서 은을 받고 땅문서를 꾸며 썼습니다. 30년 전 서 씨한테서 땅을 산 부분은 글자를 알아보기 어려워 1759년으로 썼습니다. 나머지는 똑같이 베껴 썼습니다."

지전 주인이 순순히 자백하자, 안 씨도 더는 버틸 수가 없었어요.

"김 씨의 땅이 기름지고 곡식을 많이 거둬들여 탐났습니다. 욕심에 눈이 멀어 거짓으로 땅문서를 꾸몄습니다. 한 번만 용서해 주십시오."

안씨가 두손을 싹싹 빌며 말했어요.

"이미 늦었다. 땅문서를 위조해 달라고 한 안 씨와 땅문서를 위조한 지전 주인은 관찰사한테서 두 번째 재판을 받게 될 것이다."

﹡ 조선 시대 땅문서에는 땅을 사고판 내용이 자세히 적혀 있어요. 누가 누구에게 팔아 지금에 이르렀는지 쓰여 있지요. 자손에게 땅을 나누어 준 내용을 기록하고, 땅 주인을 가리는 재판이 열렸을 경우 재판의 내용과 판결문 등도 상세히 기록해 두었어요. 그래서 땅문서가 아주 두꺼웠다고 해요.

함께 읽는 판결문!

사 건

김 씨와 안 씨는 마을 당산나무 옆 논이 서로 자기 땅이라고 주장하며 똑같은 땅문서를 가져왔다. 오래전부터 그 땅에서 농사짓던 김 씨가 땅을 빼앗기지 않게 해 달라며 '소지'를 내고 재판을 신청했다.

판결문

원고 김 씨가 가지고 있던 땅문서와 이웃 고을에서 보내온 서 씨의 호적 대장, 그리고 안 씨의 부탁을 받고 땅문서를 위조했다는 지전 주인의 말을 종합하면, 마을 당산나무 옆 논은 김 씨의 땅이라는 사실이 인정된다.

조선은 '농자천하지대본農者天下之大本'이라 하여 농사를 천하의 큰 근본으로 여기고 있다. 농사짓는 땅 또한 매우 중요하게 생각한다. 대대로 땅을 물려받거나 땅을 사거나 주인 없는 척박한 땅을 일구면 땅 주인이 될 수 있으며, 땅에서 나는 곡식의 일부를 세금으로 바쳐야 한다. 그래서 나라에서는 땅문서를 만들게 하여 땅 주인을 명확히 밝히고 있다.

그런데 안 씨는 김 씨가 힘들게 농사지은 비옥한 땅을 빼앗을 목적으로 땅문서를 위조해 달라고 부탁했다. 나라에서 쓰는 공적인 문서를 위조하는 죄는 엄히 다스려야 한다. 땅문서를 위조해 달라고 한 안 씨와 땅문서를 위조한 지전 주인을 교형(목 매달아 죽이는 형벌)에 처하노라.

아하! 그래서 이런 법이 생겼구나!

조선은 어떤 나라였을까?

1. 조선의 농업

　농업 국가인 조선에서는 임금이 농사가 잘되기를 빌며 사직단*땅의 신과 곡식의 신에게 제사 지내던 제단*에서 제를 지내고, 나라에서는 농사와 관련된 책을 펴내 백성들이 농사를 잘 짓도록 도왔어요.

　조선 전기에는 씨앗을 논이나 밭에 직접 뿌리는 직파법으로 농사를 지었어요. 땅에 제대로 뿌리를 내리지 못하는 씨앗이 많아 수확량이 많지 않았어요. 조선 후기에는 모를 못자리에 심었다가 논으로 옮겨 심는 모내기법이 널리 보급되고, 두둑한 땅과 땅 사이 움푹 들어간 고랑에 씨를 뿌리는 견종법으로 바람과 가뭄의 피해가 줄어들었어요. 논에 물을 대기 위한 저수지도 늘리고 논밭에 거름을 주고 농기구가 발달하자, 농사일이 수월해지고 수확량도 많이 늘었지요.

2. 조선 시대에는 소송도 때가 있었다?

　조선 시대에는 아무 때나 소송을 할 수 없었어요. 농번기에는 형사 사건이나 도망간 노비를 잡는 사건 등 중대한 사안이 아니면 소송을 못 하게 했어요. 농사일이 바쁠 때 불필요한 소송으로 농사를 못 짓게 되는 일을 막기 위해서였지요.

　조선 시대에는 고을 수령이 처리한 소송이 적을수록 고을을 잘 다스린다고 생각했어요. 그래서 소송의 수가 수령의 능력을 평가하는 기준이 되기도 했대요.

지금은 안 돼!

110

3. 조선 시대 땅에 관련된 재판

 조선 시대에는 묘지에 관한 소송인 '산송'이 많았어요. 산송이 많은 까닭은 풍수지리설 때문이에요. 좋은 자리에 조상의 묘를 써야 자손이 번창할 거라고 생각했어요. 또 성리학의 보급으로 묘를 쓰는 장례 문화가 널리 퍼졌는데, 성이 같은 사람들끼리 산을 사서 묘를 한곳에 쓰는 경우가 많았어요. 그런데 다른 사람이 자신들의 산에 묘를 쓸 경우 산송을 많이 했어요.

 정약용은 《목민심서》에서 묘지를 둘러싼 소송은 옳지 못한 일이며 당시 폭력 사건이나 살인 사건의 절반이 묘지를 둘러싼 소송 때문에 일어난다고 지적했어요. 오늘날 학자들은 정약용의 말이 조금 과장된 부분이 있다고 하나, 이 기록으로 보아 조선 시대에 산송이 자주 일어났다는 것을 알 수 있지요.

사건 명

조선 총독부의
이상한 토지 조사 사업

일제 강점기의 법

조선 총독부의 이상한 토지 조사 사업

검정 옷에 검정 모자를 쓴 일본인이 한쪽 눈을 찡그리고 다른 눈은 망원경처럼 생긴 물건을 들여다보고 있었어요. 망원경처럼 생긴 물건은 길쭉한 막대 세 개를 이어붙인 곳 위에 놓여 있었고요.

"저 일본인이 자네 논에서 뭘 하는가?"

농부 박개춘이 논에 물을 대러 가다가 친구 이명식에게 물었어요.

"토지 조사를 하고 있지 않은가!"

"토지 조사?"

박개춘이 언짢은 표정으로 되물었어요.

"조선 총독부에서 토지 신고를 하라지 않던가? 땅 주소와 땅 주인의 이름, 땅의 등급 등등. 기억도 다 못 하겠네만 신고할 게 아주 많다네. 소학교 다니는 우리 아들이 알아보고 신고했더니 이렇게 일본인 측량 기사가 토지를 측량하러 나왔지 뭔가!"

이명식이 일본인 측량 기사를 가리키며 말했어요.

"이보게, 자네는 지금 한가하게 측량인가 뭔가를 하고 있는가? 내일모레까지 모내기를 하지 않으면 시기를 놓치는데 말이야. 그것도 일본 놈들한테 신고까지 하면서. 아랫마을에는 토지 조사하러 나온 일본 놈을 습격하고 측량을 못 하게 방해했다던데."

박개춘이 혀를 끌끌 찼어요.

"나도 굳이 이렇게까지 해야 하나 싶었는데……. 아들이 하도 성화를 해서 말이야. 일본이 '조선 회사령'인가를 만들어서는 허가 조건을 어겼다고 회사 문을 닫게 했다는구먼! 그러니까 시키는 대로 해야 하지 않겠나! 그리고 아들이 그러는데, 학교에서 근대 국가가 되려면 먼저 근대적으로 토지를 조사해야……."

"근대가 뭔가?"

"그거야……, 나도 모르지."

"뭔지도 모르면서 자네도 일본 놈들이 하는 것처럼 근대, 근대, 하는가! 농사꾼한테 땅 말고 더 중요한 게 뭐가 있다고!"

박개춘이 못마땅하게 여기자 이명식의 얼굴이 찌그러졌어요.

그때, 일본인 측량 기사가 긴 막대를 이리저리 옮겨가며 일본말로 소리를 질렀어요. 그러자 옆에서 통역하던 사람이 이명식에게 다가왔어요.

"이 논 말고 신고한 땅이 더 있는지 묻고 있다네."

"요 아래 작은 밭도 신고했는데, 그쪽으로 갑시다."

이명식이 앞장서고 일본인 측량 기사와 통역사가 그 뒤를 따랐지요.

"쯧쯧쯧, 나라 빼앗긴 것도 원통한데 남의 땅에서 이상한 물건을 들고 야단법석을 떨다니. 필시 저렇게 땅을 조사한다 해 놓고, 조사한 땅을 빼앗으려는 속셈이야. 신고는 무슨!"

박개춘은 괭이를 어깨에 메고 자기 논으로 갔어요.

석 달이 지났어요. 뜨거운 햇볕이 내리쬐는 여름이 되었지요.

"올해는 가뭄도 들지 않고 태풍도 불지 않으니 분명 풍년이 들 게야."

박개춘은 하루가 다르게 잘 자라는 벼를 보며 흐뭇해했어요.

"저건 뭐지? 누가 감히 내 논에 들어가 벼를 만지고 있는 거야! 어서 썩 나오시오."

박개춘이 목소리를 높였어요. 그러자 논에 있던 두 사람이 논 밖으로 천천히 걸어 나왔어요. 한 사람은 일본인이고 다른 사람은 몇 달 전 이명식의 논에서 일본인 측량 기사의 말을 통역해 주던 통역사였어요.

일본인이 먼저 말하자, 통역사가 박개춘에게 전해 주었어요.

"이 사람은 일본인 야마다이다. 동양 척식 주식회사에서 이 땅을 샀다. 그래서 자기 땅을 보러 온 것이다."

통역사의 입에서 한 마디 한 마디가 나올 때마다 박개춘의 입은 점점 더 벌어졌어요.

"말도 안 되는 소리! 이 땅은 내 땅이오. 내가 알고 우리 동네 사람들이 다

아는 사실이오. 어디서 남의 논을 빼앗으려고 계략을 꾸미는 거요!"

통역사가 박개춘이 한 말을 일본인에게 전하자, 일본인이 가방에서 일본

어와 한자로 된 종이를 꺼내 박개춘의 눈앞에서 흔들어 보였어요.

"이게 뭐요?"

"뭐긴 뭐겠나? 이 땅이 이 일본인의 땅이라는 땅문서지."

"땅문서라면 나도 있소이다. 달랑 종이 한 장 가지고 땅 주인 행세를 하려고! 내 땅문서는 이만큼이나 두꺼운데."

박개춘이 엄지손가락으로 집게손가락의 첫 번째 마디를 가리켰어요. 통역사가 박개춘의 행동을 똑같이 따라 하며 일본인에게 통역했어요. 그러자 일본인이 어처구니가 없다는 표정을 짓고는 무언가 말했어요.

"이 일본인이 뭐라 하는 거요?"

"나라의 법이 바뀌어 당신의 땅문서는 이제 소용없다고 말했소."

"법이 바뀌었다고? 난 그런 거 모르오. 알고 싶지도 않고. 일본이 나라를 빼앗아 가더니만, 이제 조선 사람의 땅마저 빼앗으려 하는구나!"

박개춘은 머리를 세차게 흔들었어요.

"몇 달 전, 땅 주인들에게 소유한 토지를 신고하라고 하지 않았나? 땅 주인의 이름과 땅의 주소, 논인지 밭인지 산림인지 땅을 구분하고, 땅의 면적 등을 신고하라고 말이오. 그때는 뭐 하고, 이제 와서 이러는가!"

통역사는 안타까운 표정으로 박개춘을 바라보았어요.

"그야……."

박개춘이 이렇게 말하다가 문득 이명식의 말이 생각났어요. 땅을 신고하지 않으면 큰일이 날 것처럼 이명식의 아들이 했다는 말을요.

"나는 그 땅문서를 인정 못 하오. 관청에 가서 재판할 거요. 내 땅을 찾을 거란 말이오."

'관청에도 모두 일본인 천지인데, 일본인한테 무슨 재판을 받겠다고…….'

통역사는 그렇게 생각했지만 입 밖으로 꺼내지는 않았어요.

박개춘을 헐레벌떡 관청으로 달려갔어요. 가다가 신발 한 짝이 벗겨지는 줄도 모르고 "내 땅을 찾을 거다!"라고 소리 지르며 계속 달려갔어요.

일제 강점기에는 이런 법이 있었어요

일제 강점기 '토지 조사령' 과 '조선 회사령'

1910년 일제는 조선의 국권을 완전히 빼앗은 뒤, 본격적으로 조선을 수탈하기 위해 여러 법령을 만들었어요.

'토지 조사령'은 조선 총독부 _{일제가 우리나라를 지배하기 위해 만든 최고 관청} 가 정한 기간 안에 토지 소유자의 주소와 이름, 토지의 소재와 종류, 등급, 면적 등을 신고해야 한다는 법이에요.

일제는 토지의 실제 주인이 누구인지 법으로 정하고 가격을 매기기 위한 법이라고 했어요. 하지만 실제로는 조선의 땅을 빼앗기 위해 만든 법이에요.

'조선 회사령'은 조선에 회사를 세울 때는 반드시 조선 총독부의 허가를 받아야 한다는 법이에요. 조선 총독부에서 정한 허가 조건을 어길 때는 회사를 그만두게 할 수 있다는 조항이 담겨 있어요.

함께 읽는 판결문!

사건

조선 총독부에서는 땅 주인에게 자신의 땅을 신고하라고 하였다. 박개춘은 정해진 기간에 신고하지 않다가 이제 와서 자신의 땅이라고 우기고 있다.

판결문

일본인이 가지고 있는 근대적인 땅문서를 볼 때, 박개춘이 자기 땅이라고 우기는 땅은 일본인의 땅임이 인정된다.

조선 총독부에서는 근대적인 토지 조사 사업을 하기 위해 '토지 조사령'을 만들었다. 이에 동양 척식 주식회사가 토지 조사 사업을 맡아 하였다. 땅 주인들은 조선 총독부가 정한 기일 안에 자신이 소유한 땅의 위치와 주인의 이름, 땅의 형질과 땅의 목적, 즉 논인지 밭인지 임야인지 산림인지 묘지인지를 자세히 신고해야 했다. 박개춘은 농사일이 바쁘고 교통이 안 좋아 신고할 수 없다고 했으나, 이는 핑계에 불과하다.

조선은 국권이 없으며 일본이 조선을 통치하게 되었으므로 일본이 만든 법에 따라야 한다. 일본은 신고하지 않은 땅은 주인이 없는 땅으로 간주하여 조선에 정착하려는 일본인에게 팔았다. 일본인이 땅문서를 가지고 있으므로 박개춘은 일본인에게 땅을 내주어야 한다.

아하! 그래서 이런 법이 생겼구나!

일제강점기의 법

1. 일제의 토지 조사 사업

　일제는 조선 경제를 착취하기 위해 1908년에 동양 척식 주식회사를 만들었어요. 이 회사는 토지 조사국을 설치하여 '토지 조사령'에 따라 조선의 토지를 조사한다고 했어요. 땅을 가진 사람은 30~90일 사이에 서류를 준비해서 신고하면 땅에 대한 소유권을 인정한다고 했어요. 그러나 복잡하고 까다로운 절차 때문에 토지를 신고하지 않은 사람이 많았어요. 신고하지 않은 토지와 산림, 초원, 조선 황실의 소유지와 국유지 등 전 국토의 40%를 빼앗았다고 해요. 이렇게 빼앗은 땅은 동양 척식 주식회사와 일본 사람에게 헐값으로 팔렸어요. 동양 척식 주식회사는 조선인에게 이 땅을 농사짓게 하여 소작료를 받아내고 가난한 농민에게 높은 이자를 받고 곡식을 빌려주는 방법으로 막대한 이익을 챙겼어요.

자기 땅에서 농사짓던 사람은 하루아침에 소작농다른 사람에게 땅을 빌려 농사짓는 농부이 되거나 먹고살기 위해 산으로 들어가 화전민이 되기도 하고, 만주나 연해주 등지로 옮겨 갔어요.

2. 식량 수탈을 위한 철도와 도로

일본인이 조선에 세운 회사 가운데는 철도나 도로, 교통과 통신 분야가 많았어요. 경성과 부산을 잇는 경부선 철도, 전주와 군산을 잇는 도로 등이었지요. 그러나 경부선 철도와 도로는 조선에서 나는 질 좋은 곡식을 일본으로 실어 나르기 위한 것이었어요.

통신망과 상하수도 설치, 전차 노선 등도 주로 일본인이 모여 사는 지역에 설치되었어요. 일본인들은 도로를 만들기 위해 땅과 집을 마구잡이로 허물었고, 조선인들은 돈도 받지 못하고 도로 닦는 일에 불려 나가야 해서 불만이 많았어요.

첫 번째 사건
자유가 있으나 자유가 없다!

두 번째 사건
나말 씨의 하얀 노동조합

현대의 제헌 헌법과 노동법

자유가 있으나 자유가 없다!

 판사 지금부터 재판을 시작하겠습니다. 검사는 기소 이유를 말해 주세요.

 검사 피고 성희주가 쓴 책《대한민국의 민주주의》는 우리나라 법을 심각하게 훼손했으므로 피고에게 징역을 구형하고, 책에 대해서는 출판 금지를 요청합니다.

 판사 이번에는 피고가 말해 주세요.

 성희주 이 책은 제가 오랫동안 취재하고 꼼꼼히 조사하여 쓴 책입니다. 민주주의란 무엇인지, 오늘날 대한민국 민주주의의 문제점을 짚어서 썼습니다. 우리나라 민주주의의 발전을 위해서이지요.

 판사 원고인 검사와 피고 성희주의 주장을 잘 들었습니다. 이제부터는 구체적인 사건을 알아보겠습니다. 검사는 피고의 죄를 입증할 만한 자료가 있나요?

검사가 《대한민국의 민주주의》라는 책을 들고나와 방청객에게 보여 주었어요. 그러고는 표시해 둔 부분을 읽기 시작했어요.

 검사 바로 이 부분입니다. 32쪽, '전쟁 중에 대통령이 먼저 피난을 가는 초유의 사태가 벌어졌다.' 또 137쪽, '1954년 국회 의원 선거를 할 때, 마을 사람들에게 막걸리와 밥을 사 주고 돈 봉투를 은밀히 건네면서 '자유당 후보에게 투표하라.'고 했다. 이 일에 마을 일을 맡아서 하는 사람들과 공무원과 경찰 들이 동원되었다. 한마디로 부정 선거가 판을 치는 시대였다. 민주주의가 덜 발달한 사회에서 일어나는 현상들이다.' 등 수도 없이 많습니다.
그리고 이 부분! 이거 정말 문제입니다. 대통령의 아버지 이름을 그냥 쓰다니요. 대통령은 조선 왕실의 후손입니다. 그런 분의 아버지한테 존칭을 쓰지 않다니! 이건 '동방예의지국'에서 있을 수 없는 일입니다.

검사의 말에 방청석에서 비웃음이 터져 나왔어요.
"지금이 조선 시대야? 왕실이 어디 있다고?"
"검사 혼자서만 조선 시대에 살고 있구먼!"
"국회 의원 선거할 때, 돈 봉투 돌리는 걸 내 두 눈으로 똑똑히 봤다니까."
"조용히 해요. 그런 말 하면 잡혀가는 걸 몰라서 그래요?"

판사 조용히 하세요. 지금 재판 중입니다. 피고 측 변호인은 반론하세요.

 변호사 우리나라의 법에는 '모든 국민은 법률에 의하지 아니하고는 언론·출판의 자유를 제한받지 아니한다.'고 되어 있습니다. 헌법에 그렇게 쓰여 있습니다. 이 말은 누구나 자기의 생각을 책이나 여러 매체를 통해 자유롭게 말할 수 있다는 뜻입니다. 그런데 말도 안 되는 이유로 책 판매를 금지하려고 하다니요! 게다가 작가에게 징역을 구형하다니요!

 검사 피고 측 변호인은 한 가지를 빠뜨렸습니다. 헌법을 자세히 보십시오. 분명, '법률에 의하지 아니하고는'이라고 되어 있지 않습니까? 이것은 법률에 의해서는 언론과 출판의 자유를 제한할 수 있다는 뜻입니다. 아시겠습니까! 우리나라 법률에는 '국가보안법'이 있습니다. 피고는 바로 이 법을 어겼습니다.

검사의 입에서 '국가보안법'이라는 말이 나오자, 방청석이 술렁거렸어요. 1952년에 대통령이 또다시 대통령에 당선되기 위해 법을 바꾸려고 하자, 국회 의원들이 투표해서 반대하고 다른 개헌안을 내놓았어요. 그러자 대통령이 계엄령이 선포했어요. 그때 국회 의원 가운데 10여 명은 공산 단체로부터 돈을 받았다는 죄목으로 감옥에 갔어요. 방청객들은 3년 전 그 일을 생생히 기억하고 있었지요.

 검사 피고가 국가보안법을 위반했다는 증인이 있습니다. 성희주와 같은 '깨어 있는 작가회'의 회원인 갈자호를 증인으로 신청합니다.

판사   증인은 앞으로 나와 선서하세요.

 갈자호   저는 진실만을 말할 것을 맹세합니다. 거짓말을 할 경우 위증의 죄로 처벌받을 것을 약속합니다.

 검사   증인은 얼마 전 '깨어 있는 작가회' 송년회에서 성희주가 불온한 단체에게서 돈을 받고 책을 썼다는 이야기를 들었습니까?

 갈자호   네, 맞습니다. 성희주가 불온한 단체에게 돈을 받았다고 하는 말을 들었습니다. 그리고 이 책이 출간되면 나라가 혼란에 빠질 거라고 했습니다. 그러면 자기의 목적을 이루는 거라고요.

피고인 자리에 앉아 있던 성희주가 그 말을 듣고 변호사에게 귓속말을 했어요. 그러자 변호사가 자리에서 일어났어요.

 변호사   갈자호는 지금 거짓 증언을 하고 있습니다. 성희주는 그런 말을 한 적도 없고, 갈자호를 모를뿐더러 송년회에서 갈자호를 본 적이 없다고 합니다. 법정에서 거짓말을 하면 위증의 벌을 받습니다. 증인은 알고 있습니까?

 검사   피고 성희주는 300명이 넘는 회원을 모두 기억합니까? 이름을 모두 대 보세요! 갈자호가 '깨어 있는 작가회' 회원이라는 증명서를 제출합니다. 이래도 거짓말입니까? 판사님, 피고 측 변호인이 지금 증인을 협박하고 겁주고 있습니다.

판사 변호인은 사죄하세요.

 변호사 거짓이 판치는 이 재판에서 진실을 말하라는 게 어떻게 협박입니까?

 판사 변호인은 지금 신성한 재판정을 모독하고 있습니다. 거짓이 판치다니요? 이 재판정은, 음, 흐음……. 정, 정의를 가리기 위한 재판정이에요.

판사의 말에 또다시 방청석이 술렁거렸어요. 그때 누군가 '이 법정에서 정의는 죽었다!'라고 소리치자, 재판정에 있던 경찰이 그 사람을 끌고 밖으로 나갔어요.

 검사 그리고 증거가 있습니다. 이 통장은 성희주의 이름으로 된 통장의 복사본입니다. 얼마 전에 김용호라는 사람이 성희주에게 오백만 원을 보냈습니다. 피고는 오백만 원을 받은 적이 있지 않습니까?

 성희주 김용호라는 사람은 알지도 못합니다. 통장에 큰돈이 들어와 은행에 확인했는데, 은행에서도 모른다고 하여 쓰지 않고 그냥 두었습니다. 그 돈이 여기서 언급될 줄이야…….

 검사 피고야말로 거짓말을 하고 있습니다. 피고는 불온한 단체에게서 큰돈을 받고 우리나라를 혼란에 빠뜨릴 목적으로 불온한 책을 썼습니다. 유언비어를 퍼뜨려 나라를 혼란에 빠뜨리는 것은 적을 돕는 행위로, 명백히 '국가보안법'을 위반한 것입니다.

변호사 말도 안 됩니다. 엉뚱한 법을 엉뚱한 곳에 가져다가 죄 없는 사람에게 죄를 만들고 있습니다.

 판사 피고 측 변호인은 조용히 하세요. 피고의 최후 진술을 듣겠습니다.

성희주가 자리에서 일어났어요.

 성희주 저는 오늘 이 재판을 통해 우리나라에 민주주의가 살아 있다는 것을 확인하고 싶었습니다. 그러나 이 재판정에서 법이 정의롭지 않으며 정치적 목적으로 이용되는 것을 보았습니다. 거짓 증인을 데려오고, 거짓 기록이 증거가 되다니요!

 검사 피고가 계속 재판정을 모독하고 있습니다.

 판사 피고는 자리에 앉으세요. 잠시 뒤 선고하겠습니다.

현대에는 이런 법이 있어요

대한민국 제헌 헌법

우리나라는 1910년 한일병합조약으로 일본의 식민지가 되었다가
1945년 8월 15일 광복을 맞이하였어요. 1948년 5월 10일 남한의 단독 총선거로
국회 의원 198명이 선출되고 국회가 구성되었어요.
국회 의원이 가장 먼저 한 일은 바로 대한민국 헌법을 만드는 일이었어요.
헌법을 만든 국회라 해서 '제헌 국회'라 하고, 이때 만들어진 헌법을
'제헌 헌법'이라고 해요.
제헌 국회는 1948년 7월 17일, 마침내 '대한민국 헌법'을 공포하였어요.
제헌 헌법 제1조는 '대한민국은 민주공화국이다.'라고 되어 있어요.
대한민국은 왕이 통치하는 국가가 아니라 민주주의 국가라는 뜻이에요.
이는 나라의 주권이 국민에게 있고, 국민의 뜻에 따라 정치를 펴는
나라라는 뜻이지요. 또 제헌 헌법에는 입법·사법·행정권을 분리하고,
국민의 기본권을 보장하며 대통령제를 채택한다는 내용이 담겨 있어요.

"긴급조치로 탄압하다"

긴급조치는 국가의 안전이 위협되는 상황일 때, 대통령이 강력하게
권한을 행사했던 긴급권이에요. 이 긴급권은 국민의 자유와 권리보다
위에 있었어요. 이런 긴급조치를 이용해 박정희 대통령은
민주주의를 요구하는 국민을 감옥에 가두고, 고문했어요. 긴급조치는 1980년에
헌법이 개정되면서 폐지되었어요. 현재도 긴급조치가 있다면 어떨까요?
대통령을 비판하기만 해도 감옥에 가는 건 너무하지 않나요?

함께 읽는 판결문!

사건

성희주는 《대한민국의 민주주의》라는 책을 출간하였다. 검사는 이 책이 '국가보안법'을 어겼다는 이유로 성희주를 기소하였다.

판결문

'깨어 있는 작가회' 회원 갈자호의 말, 대한민국의 민주주의에 문제가 있다고 한 성희주의 말과 성희주의 통장에 들어온 돈 오백만 원 등을 종합하면, 성희주가 쓴 책 《대한민국의 민주주의》가 국가보안법을 위반한 사실이 인정된다.

1948년에 만들어진 우리나라 헌법에는 "모든 국민은 법률에 의하지 아니하고는 언론·출판의 자유를 제한받지 아니한다."고 하였다. 여기서 '법률에 의하지 아니하고'라는 부분을 살펴볼 필요가 있다. 우리나라 법에는 '국가보안법'이 있다. 이 법은 반국가 단체의 활동을 규제하기 위해 만든 법이다. 만약 이 법을 위반할 때는 언론·출판의 자유를 제한할 수 있다고 이 법을 해석할 수 있다.

성희주가 쓴 책 《대한민국의 민주주의》는 거짓투성이이며 우리나라를 혼란에 빠뜨릴 목적으로 불온한 단체에게서 돈을 받고 쓴 책임이 드러났다. 우리나라에 혼란이 생기면 결국 이익을 보는 것은 적의 집단이다. 고로 성희주는 '국가보안법'을 어겼다.

이에 '국가보안법'을 어긴 성희주에게 징역 3년 형에 처하고, 성희주가 쓴 책 《대한민국의 민주주의》는 출판을 금지한다.

아하! 그래서 이런 법이 생겼구나!

민주주의와 법

1. 제1공화국 헌법에 언론·출판의 자유가 있었나요?

　제1공화국은 1948년 8월 15일 대한민국이 수립된 이후, 우리나라 최초로 국민이 대표자를 선출하여 만들어진 정부를 말해요. 1960년 4·19 혁명으로 제2공화국이 탄생하기 전까지 계속되었어요. 헌법에는 언론·출판의 자유가 명시되어 있었어요. 그런데 "모든 국민은 법률에 의하지 아니하고는 언론·출판의 자유를 제한받지 아니한다."고 했어요. 이 말은 언론·출판의 자유를 보장하되, 법률에 의해서는 언론과 출판의 자유를 제한할 수 있도록 만들어 놓았어요.

　이 단서 때문에 이승만 대통령이 이끄는 자유당은 자유당을 비판하는 내용을 실은 신문을 폐간시키고, 책 출판을 금지하는 등 언론을 탄압했어요.

　1960년 4·19 혁명 이후, 언론·출판·집회·결사의 자유를 절대적으로 보장하는 개헌이 이뤄졌어요.

2. 4·19 혁명

대한민국 초대 대통령이었던 이승만은 계속 대통령이 되려고 1948년에 제정된 헌법을 여러 번 고쳤어요. 그렇게 이승만은 12년 동안 대통령이 되었어요.

1960년 3월 15일, 제4대 대통령을 뽑는 선거가 치러졌어요. 이때도 이승만은 투표함 바꿔치기, 미리 투표하기 등 부정한 짓을 해서 대통령에 당선되었어요. 선거 무효를 주장하는 사람들이 시위를 벌이고, 정부에서는 무력으로 시위를 진압하였어요. 이때 마산에서 부정 선거 규탄 시위를 하던 김주열 군의 시신이 발견되었어요. 이에 4월 19일 전국에서 이승만 독재와 부정부패, 부정 선거를 반대하는 대규모 시위가 벌어지고 4월 26일 마침내 이승만은 대통령 자리에서 물러났어요.

4·19 혁명은 국민의 힘으로 이승만 독재 정권을 무너뜨리고 우리나라의 민주주의 발전의 기틀을 마련한 사건이에요.

나말 씨의 하얀 노동조합

"오늘이지?"

"응. 오늘."

"오늘이라고?"

"함께 못 가지만 우리가 응원하고 있다는 걸 잊지 말게."

나말 씨가 공장장에게 조퇴서를 내고 옷을 갈아입으러 휴게실로 가자, 함께 일하는 외국인 노동자들이 나말 씨의 등을 톡톡 두드려 주었어요.

나말 씨는 10여 년 전에 스리랑카에서 한국에 왔어요. 가족을 위해 돈을 벌기 위해서였지요. 정식으로 한국에서 일할 방법이 없어 90일 동안 한국에 머물 수 있는 관광 비자VISA를 받아 왔어요. 90일을 넘기고 외국인 등록을 하지 못해 '미등록 외국인'이 되었어요. 이 공장에서 일하는 외국인 대부분도 나말 씨처럼 '미등록 외국인'이에요. 한국에서는 나말 씨와 같은 사람을 '불법 체류자'라고 불렀지요.

나말 씨는 경기도 안산에 있는 프레스 공장에서 일해요. 프레스에 금속을 놓고 커다란 기계를 아래로 내리면, 정해진 모양대로 금속이 잘리거나 모양 틀에 맞게 일정한 형태로 만들어져요. 그런데 사람의 손이 기계에 들어가면 기계가 멈춰야 하는데, 그러지 못해 손가락이 잘리는 사고가 자주 일어났어요. 손가락이 잘려도 회사에서는 치료는커녕 미등록 외국인이라는 신분을 약점으로 이용해 그냥 내쫓았어요.

"사장님, 병원비 안 줘도 좋아요. 제발 이곳에서 일만 하게 해 줘요!"

다친 지 일주일 만에 왼손에 붕대를 친친 감고 나타난 마이클이 사장에게 말했어요.

"너는 불법 체류자잖아. 자꾸 이러면 출입국 관리 사무소에 신고할 거야."

일할 때는 출입국 관리 사무소에서 조사를 나오면 얼른 숨겨 주더니, 막상 다치고 나니 스스로 나서서 신고하고 쫓아내겠다니요!

"다치기 전에는 한 가족이라고 하더니……. 내가 돈을 보내야 어린 동생들이 학교에 다닐 수 있는데……."

마이클은 공장 기숙사에서 짐을 챙기며 눈물을 흘렸어요.

'아프다고, 다쳤다고 쫓아내는 건 가족이 아닌데.'

나말 씨는 생각했어요.

그동안 나말 씨와 동료들은 미등록 외국인이기 때문에 숨죽여 지내왔어요. 임금도 터무니없이 적게 받고 기숙사 환경이 나빠도, 하루 12시간 넘게

일하고 야근을 밥 먹듯이 해도 아무 말도 못 했어요. 만약 미등록 외국인인 자신들을 신고하면 출입국 관리 사무소에 잡혀가 언제 한국에서 추방될지 모르니까요.

"우리도 노동조합을 만들어요."

어느 날, 경기 지역에 있는 외국인 노동자 모임에서 압둘 씨가 말했어요.

"노동조합이 있어야 회사에서 우리를 함부로 해고하지 못하고, 터무니없이 낮은 임금을 주지 못하고 12시간 이상 일을 시키지 않을 거예요. 우리의 힘을 하나로 모을 수 있는 곳이 필요해요."

압둘 씨가 진지한 얼굴로 말했어요.

"외국인에다 불법 체류자라고 하는데, 노동조합을 만들 수 있겠어?"

자동차 정비소에서 기술을 배우고 있는 자말 씨가 고개를 갸웃거렸어요.

"그래도 한번 해 봐요. 비록 미등록 외국인이지만, 대한민국에서 일하고 있는 노동자잖아요. 우리가 나서지 않으면 아무도 우리 권리를 찾아주지 않아요. 우리 권리는 우리가 찾아야지요."

압둘 씨의 말에 사람들이 하나둘 고개를 끄덕였어요.

"맞아. 우리 권리는 스스로 찾아야 해."

스무 살의 나말 씨도 고개를 끄덕였어요

그렇게 시작된 노동조합 만들기는 생각보다 어려웠어요. 경기 지역 외국인 노동자 모임에 나오는 노동자들을 중심으로 노동조합을 만들고, 노동조합 설립 신고서를 냈지만 서울지방노동청장(지금은 서울고용노동청장)이 신고서를 받아주지 않았어요. 조합원 이름을 적은 장부를 내지 않았고, 노동조합의 임원이 불법 체류자이므로 조합원들도 불법 체류자로 추정하여 불법으로 취업한 외국인은 노동조합을 만들 수 없다면서요.

그래서 이주 노동자 노동조합은 서울지방노동청장을 상대로 재판을 했어요. 첫 번째 재판에서는 미등록 외국인은 노동조합을 만들 수 없다는 판결이 나왔어요. 사람들은 실망하지 않고 두 번째 재판을 신청했어요. 두 번째 재판에서는 미등록 외국인이라 하더라도 대한민국에서 일하고 있다면 근로자이며, 근로자는 당연히 노동조합을 만들 수 있다고 이주 노동자 노동조합의 손을 들어주었어요. 그러자 이번에는 서울지방노동청장이 대법원에 재판을 신청했어요. 그게 8년 4개월 전의 일이에요. 그렇게 지지부진하게 끌어온 재판이 마침내 오늘 최종 판결이 나요.

"지금부터 사건 번호 ○○○○도 ○○○, 경기 지역 이주 노동자 노동조합의 노조 설립 신고서 반려 처분 취소 소송에 대한 판결을 내리겠습니다."

대법원 법정 안이 조용해졌어요.

나말 씨와 노동조합 동료들은 판사의 한 마디 한 마디를 놓치지 않으려고 귀를 쫑긋거렸어요.

"다른 사람에게 자신의 노동력을 제공하고 그 대가로 임금을 받는 사람은 노동조합법상 근로자에 해당하며, 거기에는 취업 자격이 없는 외국인이라고 해서 예외일 수는 없다. 노동자라면 누구나 보장받아야 할 헌법상의 권리를 이들도 똑같이 보장받아야 한다."

"우와!"

판사가 여기까지 말했을 때, 이주 노동자들은 방청석에서 일어나 환호성을 질렀어요.

"법정에서는 조용히 하세요. 아직 판결을 다 읽지 않았습니다. 조용히 하세요!"

그러나 그다음에 판사가 무슨 말을 하는지 나말 씨 귀에는 하나도 들어오지 않았어요. 나말 씨는 두 눈을 꼭 감고 속으로 이렇게 되뇌었어요.

'우리도 근로자래! 우리도 근로자야! 우리가 인정받았어.'

"이제야 우리 노동조합이 정식으로 인정받았군."

대법원 법정 밖으로 나오자 기다리고 있던 조합원들이 기뻐했어요.

나말 씨가 스무 살에 처음 시작된 이주 노동자 노동조합 만들기는 서른 살이 되어서야 비로소 대한민국에서 법적으로 인정받았어요.

나말 씨는 처음 노동조합을 만들자고 한 압둘 씨가 생각났어요.

"우리 노동조합 깃발은 하얀색으로 할 거야. 아무런 편견 없이 똑같이 책임지고 똑같은 권리를 누릴 수 있다는 걸 보여 줄 거야."

압둘 씨는 노동조합을 만들고 첫 번째 노조 위원장이 되었어요. 그러나 노동조합을 반대하던 사람들이 압둘 씨를 미등록 외국인으로 신고하여 대한민국에서 추방되었어요. 두 번째 노조 위원장이던 자말 씨도 똑같이 쫓겨났어요.

"압둘 아저씨, 자말 아저씨, 우리 노동조합이 드디어 인정을 받았어요. 아저씨들이 우리 노동조합을 만들기 위해 애썼는데, 우리만 혜택을 누리게 되었네요."

나말 씨처럼 스무 살에 스리랑카에서 한국에 온 모하메드 씨가 말했어요.

"아저씨들의 노력이 헛되지 않게 한국에 있는 외국인 노동자와 미등록 외국인 노동자의 권리를 위해 노동조합에서 열심히 일할게요."

나말 씨는 그렇게 다짐했어요.

현대에는 이런 법이 있어요

노동법

노동법은 근로관계를 정하고, 근로자들의 생활을 더 낫게 하려고 만든 법이에요. 노동조합 및 노동관계 조정법, 근로기준법, 노동위원회법 등이 있어요.
노동조합 및 노동관계 조정법은 노동조합을 만들고 노동조합의 활동에 관한 일을 규정하는 법률이에요. 노동자들이 힘을 합쳐 노동자의 뜻을 요구할 수 있는 권리를 인정하고 구체적으로 보장하는 방법을 규정한 법률이에요.
근로기준법은 노동자의 기본적인 생활을 보장하기 위해 근로 조건을 정해 놓은 법률이에요. 근로 시간과 휴일, 임금, 월차·연차 규정과 건강 검진과 노동자가 다치거나 죽었을 때 그 보상에 관한 규정 등을 정해 놓았어요.
노동위원회법은 노동 문제를 중재하고 조절할 목적으로 노동위원회를 설립하여 운영하는 것에 관한 법률이에요.

함께 읽는 판결문!

사건

경기 지역 이주 노동자 노동조합은 노조 설립 신고서를 서울지방노동청에 냈다. 하지만 서울지방노동청장은 조합원 이름을 적은 장부를 내지 않고, 노동조합의 임원이 불법 체류자이므로 조합원들도 불법 체류자로 추정하여 불법으로 취업한 외국인은 노동조합을 만들 수 없다며 노조 설립 신고서를 반려했다. 1심에서는 서울지방노동청장이, 2심에서는 경기 지역 이주 노동자 노동조합이 각각 승소하였다. 서울지방노동청장은 2심에 불복하여 대법원에 상고를 제기하였다.

판결문

대한민국 헌법 제33조 제1항에는 "근로자는 근로 조건 향상을 위해 자주적인 단결권과 단체 교섭권 및 단체 행동권을 가진다."고 정해 놓았다. 이를 구체화하는 노동조합 및 노동관계 조정법 제2조 제4호에서도 "노동조합이라 함은 근로자가 주체가 되어 자주적으로 단결하여 근로 조건을 바꾸고, 기타 근로자의 경제적·사회적 지위 향상을 도모하는 것을 목적으로 조직하는 단체 또는 그 연합 단체를 말한다."고 정의하고, "근로자는 자유로이 노동조합을 조직하거나 이에 가입할 수 있다."고 되어 있다.

다른 사람에게 자신의 노동력을 제공하고 그 대가로 임금을 받는 사람은 노동조합법상 근로자에 해당하며 거기에는 취업 자격이 없는 외국인이라고 해서 예외일 수는 없다. 노동자라면 누구나 보장받아야 할 헌법상의 권리를 이들도 똑같이 보장받아야 한다. 체류 자격이 없다고 노동조합을 만들 수 없다며 차별하는 것은 위법이다.

이에 서울지방노동청장의 상고를 기각한다.

아하! 그래서 이런 법이 생겼구나!

노동자를 위한 법

1. 우리나라에서 일하는 외국인 노동자

　고용 허가를 받아 우리나라에서 일하는 외국인 노동자는 137만여 명(2018년 기준)으로 추정해요. 여기에 미등록 외국인 노동자까지 합하면 훨씬 더 많은 수가 우리나라에서 일하고 있어요.

　미등록 외국인은 '불법 체류자'로 불리며, 대한민국에서 일하는 노동자임에도 불구하고 근로기준법의 보호를 받지 못하고 있어요. 이주 노동자, 특히 미등록 외국인 노동자 때문에 국내 노동자가 일할 자리가 없다는 의견도 있고, 국내 노동자가 꺼리는 건설이나 농사일에 이주 노동자들이 그 자리를 채우고 있다는 의견도 있어요.

　미등록 외국인 노동자의 노동조합을 인정한 판결은 이주 노동자를 특별하게 대우해 주는 게 아니라 대한민국이 만든 법의 보호를 받게 하자는 거예요. 근로기준법이 정한 노동의 대가를 정당하게 주고, 존중과 배려를 하자는 거지요.

전태일

전태일은 서울 청계천 평화 시장의 봉제 공장에서 일했어요. 허리를 제대로 펼 수조차 없는 공간에서 옷감에서 나오는 먼지를 마시며 일했어요. 점심시간과 쉬는 시간도 제대로 지켜지지 않았지요. 그러다 전태일은 근로자를 위한 '노동법'이 있다는 걸 알게 되었어요. 그는 노동법을 지켜달라고 회사에 요구했지만, 회사는 그 말을 들어주지 않았어요. 크게 실망한 전태일은 노동 환경을 개선하고 노동법을 지키라고 주장하며 분신했어요. 그의 희생은 노동 운동 발전과 근로 환경 개선에 큰 영향을 끼쳤어요.

교과서에 꼭! 나오는 법 이야기
한국사 재판 실록

1판 1쇄 인쇄 2021년 3월 2일
1판 2쇄 발행 2023년 2월 28일

글쓴이 서선연   **그린이** 이은주
펴낸곳 (주)중앙출판사
펴낸이 이상호
편집책임 한라경   **디자인** 책읽는소리

주소 경기도 고양시 일산동구 고봉로 32-9 625호
등록 제406-2012-000034호(2011.7.12.)
문의 031-816-5887   **팩스** 031-624-4085
홈페이지 www.bookscent.co.kr   **이메일** master@bookscent.co.kr
ⓒ 서선연, 이은주 2021

ISBN 979-11-86771-44-0 73910

*이 책은 저작권법에 의해 보호를 받는 저작물이므로 무단 전재와 복제를 금합니다.
*KC마크는 이 제품이 공통안전기준에 적합하였음을 의미합니다.

KC	**모델명** 한국사 재판 실록 **제조년월** 2021. 3. 7. **제조자명** (주)중앙출판사 **제조국명** 대한민국
	주소 경기도 고양시 일산동구 고봉로 32-9 625호 **전화번호** 031-816-5887 **사용연령** 10세 이상

책내음은 (주)중앙출판사의 유아·아동 브랜드입니다.